交易的逻辑与艺术

THE LOGIC AND ART OF TRADE

陈侃迪 著

企业管理出版社
ENTERPRISE MANAGEMENT PUBLISHING HOUSE

图书在版编目（CIP）数据

交易的逻辑与艺术 / 陈侃迪著 . -- 北京 : 企业管理出版社 , 2020.8
ISBN 978-7-5164-2189-5

Ⅰ. ①交… Ⅱ . ①陈… Ⅲ . ①投资—基本知识 Ⅳ . ① F830.59
中国版本图书馆 CIP 数据核字（2020）第 143236 号

书　　名：交易的逻辑与艺术
作　　者：陈侃迪
责任编辑：李　坚　张　楠
书　　号：ISBN 978-7-5164-2189-5
出版发行：企业管理出版社
地　　址：北京市海淀区紫竹院南路17号　　　邮编：100048
网　　址：http：//www.emph.cn
电　　话：编辑部（010）68414643　发行部（010）68701816
电子信箱：qiguan1961@163.com
印　　刷：三河市东方印刷有限公司
经　　销：新华书店
规　　格：147毫米×210毫米　32开本　6印张　100千字
版　　次：2020年9月第1版　2020年9月第1次印刷
定　　价：80.00元

推荐序

将自己的交易系统对他人很有逻辑地娓娓道来，并不是一件容易的事，唯有对交易系统有深刻理解并不断地反思，才能写出这样的文字。

我交易生涯的绝大多数时间待在机构的自营体系内。在冰冷吆喝的环境中，盘中不断地买入、卖出并借此持续刺激体内肾上腺素，努力地赚取市场上每一分可以赚的钱。这是交易员必需做的事，但却很少仔细地去思考自己的交易系统之外的东西，这对于长期交易的稳定性是一个很严重的致命伤。经过一段时间再回过头来看一看，原来我的交易风格是被动的转换，是由于市场不断地经历“平静波动、剧烈波动、平静的趋势、波动的趋势”导致的结果，如果需要

徐华康，方正证券交易运行与期货期权部董事，微信公众号“老徐话期权”，曾出版《我当交易员的日子》《期权基本款》等书。

自己亲自去体会这种突如其来的改变，不知道要经过多少个年头。

在真实的交易中，我们常常被困在一个不知所措的困境中，经过无数次回测及实践的系统往往不堪现实环境的玩弄。2003年之前，在中国台湾我曾经创造了一个交易系统，把加权股价指数期货当天开盘后前15分钟的高低点当成支撑与压力，只要盘中向上涨过那15分钟的高点或是向下跌破那15分钟的低点，则买入或卖出股指期货，在1998年至2004年4月之前，没有任何一个月亏损。当时我深深地认为已经找到交易致富的最佳途径，但接下来连续六个月突如其来的连续亏损，却让我不知所措，每一个月都认为这只不过是个意外，市场终究会还你一个公道，市场不可能没有日内的趋势，直到你的资金及信心永远地被击溃。

我们都分不清楚系统死亡与系统错误、系统失效或是系统死亡，不了解市场与其基本假设间的关系。甚至也不了解自己的交易系统在面临临界点时的成本问题。常常在错失了趋势交易的机会时心中感叹："我再坚持一下就好了!"也常常执着日内交易成本而不果断止损，使得更好的机会不断流失。你要知道你在交易着什么?不是市场走势，而是你的系统与市场状态之间的关系，这是很多初入市场的人不了解的事。

在我目前主要从事的期权波动率的交易中，也不断重复类似的故事。当我们卖出波动率时，黑天鹅事件发生后使得策略损失惨重，导致在中国台湾2008年之后许多公司不允许交易员持有卖出期权的仓位过夜。这种因为不了解而不知所措的事，不仅仅在个人投资者间发生，在许多成立已久的券商和期货公司的自营商之间也司空见惯。只要在市场交易，你的交易系统就和市场状况、基本假设及仓位资金管理脱离不了关系，本书给了我们交易人最深刻的心灵深处的问题的解答。

自 序

对于本书的定位，一直以来是个很难的问题。一些朋友认为前部分的内容过于学术，不够大白话，可能在销量上会受影响。其实这一点我心里很清楚，写作的内容专业度越高，越精炼，受众面就越小。轻松愉快的内容不仅受众面广，销量也会更佳。

我在网上写作发表的一系列文章受到了很多人的认同，当然不可能获得所有人的认同，但这足以说明我的写作风格和内容是有一定受众面的。我本身也不适合去做放弃自己的风格来迎合市场口味的事情，市面上粗制滥造的作品多如牛毛，大部分内容都不成体系零散无章，二级市场发展这么多年下来真正有价值的书也就那么几本，随大流的烂书多我一本不多少我一本不少，我何必再去“添砖加瓦”。

我相信，好的书和读者是会互相影响的，就像反身性理论一样，读者群体也在不断进步，看多了随大流的书后也会意识到好书的价值所在。

经典的书籍不仅带给人们思想上的升华，在销量上的成绩最终也会力排众议，对于一本值得收藏的经典没有人会吝啬自己的钱包。我希望能够以我的方式，以我的角度来写出这样一本好书，相比起在销量上的冷落，我更不能忍受对自己艺术追求上的妥协。

在本书第一部分，必须要承认数理逻辑对我的交易产生了极大的影响，这并不是指具体的计算方法或者某个公式，本书不会有一个数学公式，主要讲数理逻辑是怎么来的，它们的好处是什么，坏处又是什么，它们所衍生出来的哲学意义又是什么。在了解了二十世纪那批伟大科学家们的思想后，我就被彻底地迷住了。书中确实会涉及有关这方面的内容，但即使完全不懂也不会影响对交易内容的理解，如果感兴趣可以查看书后附录里的相关书籍。从交易上来说，第一部分只想突出一个重点，任何交易系统都不可能完美，必然有缺陷，这种缺陷和交易者对市场状态的定义有关。

第二部分系统的四种情形和临界点，是对你不必等到有了大幅亏损才要平仓的详尽解释，有浮亏并不代表你是错的，有浮盈也不代表你就是对的，交易逻辑和市场状态之间的关系才是决定你是否要平仓或者持仓的唯一标准。第七章的“不可能三角”，则提供了一种观察系统特点的方式，虽然不尽完美，但我认为仍有价值。

第三部分和第二部分联系紧密，但已经和学术风格浓厚的数理逻辑无关了，大多都是大白话，有些交易年头的人都能看懂。第四部分则是关于职业发展方面的一些问题，同样通俗易懂，不需要太费脑力。

1853年荷兰印象派画家梵高出生，他的作品在当时不被人理解，生活上还饱受贫穷和精神疾病的折磨，可他从未放弃过坚持自己的艺术个性，更是把苦难和孤独融进画中并化作饱满怒放的美。他的亲朋好友曾多次劝说他转变风格以迎合当时的市场，他说道：

“我希望人们看到我的作品时说，这个人感受得很深刻，这个人感受得很细腻，虽然我的作品有不同于其他画家的粗糙感，但正是这种粗糙感才让人们有如此感想。

因此就让我们画吧，带着我们所有的缺陷和特质，画我们想画的，我将作我所感，感我所作。”

前　言

此时正值疫情在家时期，算来我的期货交易历程已有六年。回想我初入私募基金拜访名师时，听闻老师的交易经验有七年之久，又是交易大赛的亚军，敬佩之情油然而生。

时间一晃，曾经的私募已经“人去楼空”，从2016年的暴跌到2017年的萧条，再到2020年的疫情，无论是股市还是期市都可以称得上是交易者最艰难的几年。

究其而言，人没法脱离环境，任凭交易者有多聪明，悟性有多高，当整个市场都进入僵局时，一切都无从谈起。但没有足够的实力，也不可能从环境中脱颖而出，也难以在艰难时刻挺到最后。利弗莫尔或许最后是失败的，但他的交易理念和交易体系却是有价值的。

我想要把一个交易者的成功因素系统地来分析，他的交易理念是否正确，交易体系是否成熟，是否有足够的资金保障生活和交易，以及市场的环境是否配合。

我想我们能够确实控制和把握的只有自己的交易理念和交易体系。若是投资人要撤资或是市场一蹶不振，我们都没有任何办法。

本书内容大部分是我这几年来对于交易体系的总结，希望通过此书，能够对新人建立交易体系有所帮助。但如果你只是想寻找一种能够赚快钱的秘诀，那这本书绝对不适合你，它的定位是适合非常热爱交易，甚至准备把它当作一生追求的人而写的。对于完全没有接触过交易的新人来说，我不会推荐本书，最好的情况是自己做过一段时间交易，看过几本最基础的交易书籍，例如墨菲的《期货市场技术分析》，对交易有一些心得但仍有许多疑问。

书中我将尝试把一些非交易的知识与交易融合在一起，我认为，物理、数学、哲学都在某些程度上和交易相通，虽然两者不能完全画上等号，但有一些性质确实相同，尤其是交易体系的建立是一件非常抽象的工作，而通过其他具体的知识点会更容易理解。

整本书将按照“市场状态——基本假设——交易系统——仓位资金管理”这样一个流程来表述，每一步之间都紧密相关，联合构成一个完整体系。但同时，交易也并非完全的按部就班，在本书的第二部分我会说明市场是如何与交易系统发生矛盾的，经验性的直觉总是不可或缺，在任何情况下都应当占有一席之地，也因此交易是逻辑与艺术的结合。

因此我当然不会认同交易就是简单的事情重复地做这类话，尤其是出现了一批人认为只要按照机械化的操作就可以稳定盈利的说法。市场每隔一段时间就会发生翻天覆地的改变，不懂变通或者观望的人都会在变化中惨败，拥有一个成熟的交易体系和交易理念仅仅只是通往成功的起点，而非终点。要我来说的话，交易者更应该像是一个科学家和哲学家的结合，观察并提出假设，然后在实践中不断地总结和反思。

虽然我谈不上在交易这一行有多么成功，但也算不上失败。经历了2015年大牛市，也经历了这几年无穷无尽的反复震荡，我庆幸仍然还活着。

由于我的期货交易风格是长线趋势跟踪，且以技术分析为主，因此书中的一些理念可能对于期货做趋势交易的朋友来说更合适些。而对于股票、外汇以及基本面的交易者来说参考价值会少一些。

本书的核心内容多是从我的专栏里整理而成，难免有很多错误和疏漏，还请广大读者多多包涵，也欢迎各位指出本书的不足之处，我的对外交流平台是我的知乎和微博账号：赛博格Cyborg(同名)。对于本书的疑问和建议都可以在知乎或者微博上与我交流，也可以直接发送邮件到543169993@qq.com。

无论如何，能够有机会写出这样一本书是我的幸运，而如果又恰好对你有所帮助，那就更是我的荣幸了。

目　录

第一部分　一致性与完备性

我并不认为技术分析的思想无懈可击，我之所以使用技术分析，是因为在具体操作和分类中无法找到比它更好的替代品，我唯有直面技术分析的缺陷并找到相应的办法去克服它。

要想彻底地将市场某一状态单独地拿出来谈论非常困难，因为我们所讨论的对象并不是一个静止不动的绝对物体，将周期放大一个级别，所谓的趋势就变成了震荡，同样将周期缩小一个级别观察，震荡则变成了趋势。

第二部分 交易系统

交易系统的本质是对市场某一状态的描述，但市场状态本身非常不稳定且并不纯粹，尤其是市场在转换自身状态时的过程异常魔幻，有时候是逐步渐进的改变，有时候是迅猛强行的改变。

你止的是系统和市场之间的关系不相符，或者判断不出相不相符，而不是账户表面上的数字波动，你止的不仅仅是可能导致的亏损，更止的是基本假设和市场状态的不相符而可能导致的交易不一致性。

自下而上式的体系看起来相当简单且易于操作，但它们一样有缺陷，这类交易系统的问题在于，当系统遭遇一个足以将本金都毁灭的巨大回撤时，如何才能避免？

交易者最大的风险来源于哪里？你可能不敢相信，交易者最大的风险就是来源于坚持不懈地执行一套系统。

永远记住，只做你能做的行情，接你能接的资金。

第四部分　职业生涯挑战

第一部分

一致性与完备性

1

不可证的真理

当我们不再去纠结技术分析、基本面分析是不是科学的，或如何去证明它的真假性，而是转而关注市场目前处于什么状态，交易系统在什么状态下可以或不可以使用时，才真正走上了正确的道路。

哥德尔证明了，《数学原理》或任何其他能在其中发展出算术的系统，实质上是不完全的。

换句话说，在任何一致的数论形式系统中，都存在此系统无法推导出的真的数论命题。

——欧内斯特·内格尔、詹姆士·R.纽曼《哥德尔证明》

古希腊大数学家欧几里得的《几何原本》是我们科学理论中“真理”的早期原型，通过将人们公认的一些事实作为公理，再以形式逻辑的方法推导出一系列性质，进而建立了一整套严密的几何学逻辑体系。

但倘若我要对欧氏几何的公理体系发起挑战，要求证明出五条公理的真假性，这就很为难了，因为从形式逻辑上来说五条公理完全是凭空得来的，是通过直觉或经验总结才有的这几条公理。

尤其是其中的第五条公理：过直线外一点，作且只可作一条直线与此平行。根据欧氏的第五条公理可推导出：三角形内角和等于180度。

19世纪初鲍耶·雅诺、高斯、罗巴切夫斯基等一批数学家试图证明欧氏的第五条公理，结果均以失败告终，他们都发现第五公理是不可证明的。

那么既然没有办法证明公理的真假性，是不是就不应该去使用？由此而推导出的一整个体系是不是也毫无意义呢？

巧合的是，俄国数学家罗巴切夫斯基在运用反证法对第五公理的不可证进行证明时，却偶然发现了另一组不存在任何逻辑矛盾的命题，它的逻辑完整性和严谨性几乎可以和欧氏几何相媲美。

1826年2月，罗巴切夫斯基发表了第一篇关于非欧几何的论文，后人称之为罗氏几何。

其第五条公理为：过直线外一点，可以作无数条直线与此平行。由罗氏第五公理可推导出三角形内角和小于180度。其余四条和欧氏几何完全相同。

高斯的徒弟黎曼在1851年发表的一篇论文中，则提出了另一种几何学。

其中第五条公理为：过直线外一点，一条平行线也作不出来。由黎曼几何第五条公理可以推导出，三角形内角和大于180度。其余四条和欧氏几何也一模一样。

那么到底谁是正确的有效的？难道三角形的内角和既可

以大于也可以小于还可以等于180度？在形式逻辑中，一个命题要么是真的，要么是假的，现在运用反证法却得出了一个非常合理的结果，但从正面又无法直接证明，那公理还是真的吗？

实际上在现实中三个都是正确有效的。

三者的第五公理可以分别在平面、双曲面和曲面中求得证明。

欧氏几何在我们日常生活的地球上是非常适用的，人类的大量实践改造活动都运用了欧氏几何，在原子核世界和宇宙空间中罗氏几何更符合客观性，而在广义相对论里黎曼几何则得到了重要的应用。

可见不能得到证明的并非就没有意义，真理的重要性不在是否可证上，而是在实际应用当中的有效性和相对应的有效范围。

当我们开始建立一个交易系统时，如果不能明白这一点，那就不管系统有多完整多成熟都不会把交易者引向盈利。交易系统的源头就是基本假设，有什么样的基本假设就有什么样的交易系统，它就类似于欧氏几何中的公理。

许多人在应用交易系统后一出现亏损就将问题全部怪罪于系统的不完善，认为它没有得到过验证、无法信任，而从来没有想过整体市场的状态和交易系统之间的关系。

把黎曼或罗氏几何的情况放在二维平面上显然是无法成立的，但这并不是他们自身的逻辑体系有问题，而是应用的场景不对。交易系统与市场状态之间的关系也是如此，我们需要确定系统的使用边界在哪里。

当我们不再去纠结技术分析、基本面分析是不是科学的，或如何去证明它的真假性，而是转而关注市场目前处于什么状态，交易系统在什么状态下可以或不可以使用时，才真正走上了正确的道路。

2
市场状态

优秀的交易者不会试着预测市场下一步会怎么样，相反，他们会观察指示信号，判断市场现在正处于什么样的状态中。

“我们最终进场交易的主要原因在于，市场价格处于趋势运动中。这是相当简单易懂的交易理念。

确信你所有的时候都是这么做的，并且始终如一地坚持，这点要比你用特殊的方法、手段来确定市场趋势来得重要。无论你采用哪种交易方法入场交易，最为关键的一点就是，如果存在价格运动的主要趋势，你所用的交易方法应确保你与市场主导趋势保持一致，捕捉、追随该趋势。”

——杰克·施瓦格《金融怪杰——理查德·丹尼斯》

科学中基本假设的提出正是通过直觉再加以实践经验结合而得出的，在交易当中同样如此，我们需要对市场有充分的理解，才能提出相应的基本假设。

可惜的是，市面上已有的交易书籍很少有提及如何对市场状态进行分类，就我所知，有具体谈论到的便是柯蒂斯·费思所写的《海龟交易法则》。

书中将市场状态分为四类，分别是平静波动、剧烈波动、平静的趋势、波动的趋势（后面为了方便描述，可能把前二者直接称震荡，后两个为趋势）。当交易者在使用自己特定的交易系统时，都会有某一类市场状态更合适，此时交易系统就是有效的，反之交易系统就会因为不适应而造成亏损。

总体而言我完全接受书中的分类，至少在我交易的这些年里，尚未有看到这四类以外的市场状态，下图是四类市场状态的图示，我的解释会和海龟有些出入，但大体是一致的。

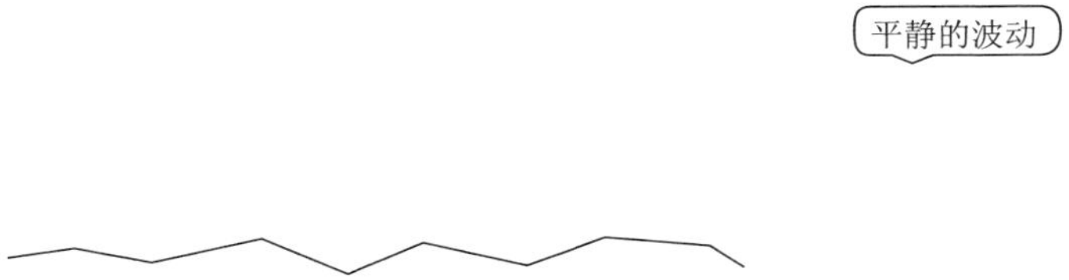

一般我们把这类行情称为震荡，平静的波动是震荡行情的一种，重要的特征是上下有一个明显的区间，行情的波动幅度不会超过这一区间。

这是震荡行情的另一种情况，剧烈的波动几乎很难找到上下边界，但它又明显地区别于趋势行情，一个特征就是频繁假突破，总是在创出新高或新低后又迅速反转。

这是较为标准的趋势走势，无论是道氏还是波浪理论都能良好地在此体现，有着极为规范的高点和低点。

这是最棘手的一类行情，看似有趋势，但其中的走势却杂乱无章，大量的大幅度回撤和急速拉升，这是趋势交易者最难取舍的。

值得注意的是，这四类市场状态是市场的基本状态。我的意思是，有些行情虽然看上去异常复杂和怪异，但实际上是这四类的简单组合，或者是周期幅度稍微做了些变换，或者只是两个倒了过来首尾相连。

像是在技术形态中的旗形或者钻石形态等等，都是这四类状态的衍生变体。

在具体的判别上，我的建议是使用趋势线来做详细的划分，市场状态的情况会很直观地表现在屏幕上。其他的技术指标或理论使用得当也同样可以。

同时要说明一点，这样的分类方法是彻头彻尾的技术分析流派，且是自上而下式的体系，要是换作纯基本面或者数据挖掘的人来说，可能会有另外的分类手段，甚至压根不去做分类，尤其是在股票市场里，这会牵扯到另外一个话题，此处不做讨论（详见第三部分第10章）。

到这里市场状态的分类大致好了，但我并不认为这样就可以结束，因为市场的状态并非一成不变，在没有完全成型之前也很难去确认，尤其是在两个较为相似的状态中，即波动的趋势和平静的趋势较为相似，剧烈的波动和平静的波动较为相似，这不仅使交易者给趋势和震荡下定义时遇到诸多麻烦，在具体的操作上也会非常棘手。在遇到较为相似的市场状态时，到底要不要参与、如何参与，完全依赖于交易者的主观判断。

因此，想要及时地判断出市场处于什么状态，这需要交易者对市场有相当长时间的接触，仅仅通过看书或者长线持仓是不会增加这种敏感度的。我的看法是在刚开始交易的阶段多使用模拟盘来练习日内交易，日内分时线的形态变化是日线级别的一个缩影，并且变化的速度和复杂度也要多于日线级别（因为日内的噪音太多了），在坚持一至两年的日内交易后，对于形态的辨别会明显进步，能否及时地辨别出市场状态将直接决定是否要使用交易系统。

甚至可以的话，在长时间的实践中自己总结出一套分类方法也完全可行，在量化分析方面尤其有可能。总而言之，通过亲手交易来熟悉市场状态是必要的，市场状态的变化有时候迅猛无比，有时候潜移默化，没有一定的经验很难分辨得清。同时这也是我反对纯机械化交易的原因，假使不能及时地识别出市场的变化，就将彻底摧毁这种交易方法。

正如柯蒂斯·费思在书中所说的："尽管一个市场究竟处于哪一种状态有时候并不难判断，但无论是趋势的强度还是波动性的程度都会变化。"这意味着，市场经常会同时呈现出两种不同的状态特征，某一个属性值会由低变高，或由高变低。比如，一个市场一开始可能是平静之中带有趋势，但随着趋势的进展，波动性逐渐增强，价格的运动从平静的趋势转变成了波动的趋势。

海龟们从来不去预测市场的动向，而是会寻找市场处于某种特定状态的指示信号。这是一个重要的概念。优秀的交易者不会试着预测市场下一步会怎么样，相反，他们会观察指示信号，判断市场现在正处于什么样的状态中。

对于一个自上而下式的系统而言，确认市场状态是如此的重要，以至于我不得不把它放在第2章来说明。在期货市场中待过一些年头的职业交易员都知道一致性的重要性。所谓一致性是指从对市场的理解到系统的构建，到具体的操作都贯穿了同一理念，违背这一理念，就会使交易呈现出不可重复性，最终的结果也会不确定。市场状态的变化则是阻碍交易者贯彻一致性的最大敌人。当漫长的回撤到来时，它需要你暂时放弃交易，而很多人不得要领仍执着于系统。放弃交易并没有违背一致性，恰恰相反，它正是一致性的重要体现。

3
基本假设

我并不认为技术分析的思想无懈可击，我之所以使用技术分析，是因为在具体操作和分类中无法找到比它更好的替代品，我唯有直面技术分析的缺陷并找到相应的办法去克服它。

“好像有时我们必须用一套理论，有时候又必须用另一套理论来描述（这些粒子行为），有时候又必须两者都用。我们遇到了一类新的困难，这种困难迫使我们要借助两种互相矛盾的观点来描述现实，两种观点单独是无法完全解释光的现象的，但是合在一起便可以。”

——阿尔伯特·爱因斯坦对波粒二象性的描述

如何精确定义一只兔子？有大耳朵？白毛？四条腿？要是出现一只灰色毛发的兔子是否就不是“兔子”了？

可以感觉到，片面地去定义一个物体显得非常无力，但要是把兔子从皮到肉再到每个细胞都描述一遍，那这样的定义就既无必要也无意义。

不过人类的大脑并不会为此而烦恼，我们可以知道什么是事物的特征，并不仅仅停留在特征，还可以知道一组特征组合在一起时会产生的结果，还会知道在时间的流逝下特征及其组合所发生的变化。

例如：气质。这很难用数据或数学来表示，一方面这是一种由内而外散发出来的东西，同时还是映射到对方内心所产生出来的结果。

要我来说，气质就是一系列特征组合后的产物。我们不会仅通过某人的鼻子或嘴巴来判断他是谁，而是综合看整张脸，甚至眼神、表情、气味等等，唯独不可能仅通过一个特征来判断。

这也是我想要应用在基本假设里的理念，既要认识局部也要认识整体，更要理清局部和整体之间的关系，尤其是在周期的切换下，两者的互换和互补。

但首先让我说明两个关键问题。

①基本假设的目的是什么？

基本假设的目的就是使交易者可以捕捉到市场状态的特征，并以此获利。

②基本假设本身是什么？

基本假设本身实际上是对市场状态特征的描述和定义。

好了，现在让我们来定义一下市场状态四类中的其中一种，平静的趋势。

我把平静的上升趋势定义为一系列依次上升的峰和谷，且后一个峰和谷都总是高于前一个。平静的下降趋势同理。

实际上这就是查尔斯·道对于趋势的定义，这一定义就是在描述市场状态四类中的其中一种，平静的趋势。

我是一位趋势跟踪交易者，直接就可把道氏的描述纳入到我的基本假设里来，但仅仅这一条是不够的，否则就会出现灰毛兔子不是兔子的问题。我需要尽可能地从不同角度来考虑特征的变化，以及几组特征组合在一起的情况。同时还可以像欧氏几何那样，对公理进行推导从而得出一些性质。

现在再加入一条，市场总是在趋势与震荡间交替运行。

再加入第三条，回撤（道氏理论中也把回撤称为次要趋势）必然会出现，且要么以趋势的方式出现，要么以震荡的方式出现。

第四条，趋势的回撤幅度不会超过前一轮主要趋势。

回撤幅度如果相等的话这就是市场的另一种状态稳定的波动，如果超过的话就变成了剧烈的波动市场状态，这两类都属于震荡（从这一相反的基本假设出发可以组合成另外一套震荡交易系统，它们之间的关系就像是欧氏和非欧几何一样）。

第五条，回撤结束后，要么主要趋势恢复，要么主要趋势结束。

这五条基本假设足以组成一个趋势交易系统（还有一些不一一列举了），且通过进一步推导可以得出更多的性质，类似于由公理推导出定理，这些定理将在之后的交易系统中起到关键作用，直接决定要不要开仓、为什么止损、为什么退出观望。

虽然这五条基本假设并不要求接受证明，但也并非完全的凭空想象。我认为它应当符合以下几点：

①互相之间无矛盾，在推导后也是逻辑自洽的。

②基本假设的陈述必须是全称陈述（指所有情况或对象），如果是一个模态命题，只接受必然或不可能。

③能从各种角度来描述某一市场状态的特征，且既有局部也有整体，以及局部和整体之间的联系。

这些要求是否符合都有赖于交易者们自行判断，或者在具体实践中找到问题。基本假设的建立虽说是不科学的，但给予规范却是必要的，因为他们不仅给出了判断和对特征的描述，更是给了交易者明确的选择，要么对的，要么错的，要么不知道，这样在应对市场的千变万化中交易者就可以把问题由繁化简，变成切实可行的应对方案。

以前与其他交易员交流时，很多人都有一个疑问，为什么你能知道何时是对的，何时是错的？这就是我的回答，因为市场是有规律的，而基本假设就是规律的具象化，当规律再次出现时，我就能知道我是对的。如果你不承认规律，那么就是承认人类社会的群体行为是没有规律的也不可能产生规律，那么有没有政府也是无所谓的了，社会的发展也完全是随机的了。这显然推出一个很荒谬的结论，更不用谈随机漫步理论在一个又一个坚持使用同一套体系并持续从市场获得利润的大师面前被击得粉碎。

最后，由基本假设所能得出的具体操作手法，本书不做讨论，相信市面上已有的关于技术分析和技术指标的书籍要比我专业得多。同时我也认为，对于认同趋势交易基本假设的交易者来说，具体的操作手法都是大同小异，而对于不使用趋势交易基本假设的交易者，谈论具体的操作手法也没有多大参考价值，因此这一块留给交易者自己去摸索比较合适。

需要说明的是，这样的基本假设还有一个更大的前提，即默认技术分析的思想。注意，我并不认同约翰·墨菲在《期货市场技术分析》中所说的三大假设，也不认为道氏的几条总结可以代表技术分析。我认为技术分析应当是一种思想，通过对图表上的价格特征进行总结和描述是技术分析的核心思想，也是区别于其他流派最鲜明的标志。

例如价格以趋势的方式演变，但我同样可以举出反例，价格以震荡的方式演变，还可以在这一基础上做出一系列假设，例如震荡倾向于延续且也以震荡的方式运行，在震荡中主要走势与次要走势的幅度一致（即对趋势假设第四条的修改），在现实中这一样成立并且也有大把的人依据这一假设持续获利，但最终的关键在于它们都顺从了技术分析的核心思想。

同时，我并不认为技术分析的思想无懈可击，我之所以使用技术分析，是因为在具体操作和分类中无法找到比它更好的替代品，我唯有直面技术分析的缺陷并找到相应的办法去克服它。并且我要表明，自上而下式的技术交易系统最大的问题在于对价格特征的定义不完全。

4 不完备性

要想彻底地将市场某一状态单独地拿出来谈论非常困难，因为我们所讨论的对象并不是一个静止不动的绝对物体，将周期放大一个级别，所谓的趋势就变成了震荡，同样将周期缩小一个级别观察，震荡则变成了趋势。

定理一：任意一个包含一阶谓词逻辑与初等数论的形式系统，都存在一个命题，它在这个系统中既不能被证明为真，也不能被证明为假。

定理二：如果系统S含有初等数论，当S无矛盾时，它的无矛盾性不可能在S内证明。

——库尔特·弗雷德里希·哥德尔《(数学原理）及其相关系统中的形式不可判定命题》

要想彻底地将市场某一状态单独地拿出来谈论非常困难，因为我们所讨论的对象并不是一个静止不动的绝对物体，将周期放大一个级别，所谓的趋势就变成了震荡，同样将周期缩小一个级别观察，震荡则变成了趋势。

趋势之中包含着震荡，震荡中也包含了趋势，如此矛盾的一对却在市场中和谐共存，这就让趋势的定义显得颇为尴尬，就我所举例的五条趋势基本假设它是否也同时包含了一部分对于震荡的描述？道氏虽然定义了趋势，但在趋势的定义中并没有解决周期切换下趋势和震荡会互换的问题。

将这一理念进一步衍生开来，当我们把基本假设映射在现实市场中时，符合逻辑自洽的静态假设和动态的市场就会产生诸多问题。

例如之前基本假设的第四条，趋势的回撤幅度不会超过前一轮主要趋势。

但在现实的市场当中，这一现象很难把握，在稳定的波动和波动的趋势这两种市场状态里都有可能出现符合这一条件的情况。

在稳定的波动市场状态里（具体形态类似于箱型整理），确实会发生回撤幅度小于前一轮行情的情况（即没有触摸到下底便反弹），在波动的趋势里这种情况也很常见。这就使得在具体的实践中有一定的迷惑性，很容易使交易者产生误判。

如果试图通过给定一个具体的数值来确定，比如回撤幅度小于前一轮趋势的50%或者67%就算是平静的趋势等等，仍然会产生很多疑惑，为什么不是55%或者65%，超过了50%难道就不是趋势了吗？或者超过了67%就不是了吗？

这就进入了一个两难的境地，企图对市场的两种状态做一个明确的划界，在基本假设上似乎是不可行的，它总是在描述某些情况的同时也包含了另一种情况的一部分，而在具体的操作上也难以明确。这就是技术分析天然的漏洞，它对趋势和震荡的定义是不完全的，并且这种不完全是没有办法通过修改假设来解决的。

趋势和震荡之间的界定并不像国界那样用具体某条线来确定，甚至可以说它们本就是一体的，无法完全将其中一个单独剥离出来，当假设试图描述趋势时不可避免地也会描述到震荡。

你会发现，在这个世界，越是简单、越是具体的东西越难定义清楚。最普通的常识，一点都不寻常。

我们所创造的形式系统都要符合一致性，即所谓的内部逻辑自洽，从A推出到B是不会出现矛盾的。

但在现实当中，既存在逻辑的自洽，也可以同时存在互相矛盾的两个体系，甚至两个矛盾的体系还能互为因果关系，而这在一个符合一致性的系统当中是无法描述的。

创造一个交易系统只是一个开始，当我们开始明白交易系统的局限性，以及所具备的性质时，才进入了最重要的阶段。

任何内部逻辑自洽的形式系统都是不完备的，总有一些为真的定理混杂在系统中，仅通过系统自身无法得以辨认。妄图在系统中添加更多的规则或基本假设来解决这一问题，要么导致无穷后退，要么导致内部出现矛盾。

承认形式系统的不完备性，我们就可以知道，某些亏损和失败是不可能避免的，在设立基本假设的同时我们也创造了问题的源头，它既把我们导向盈利，也把我们导向亏损。

自然科学所研究的对象在一定程度上可以独立于观察者和研究者，通过对背景条件和知识的匹配，可以无限次重复而总是产生相同的结果。

但在由人所构造的社会里，我们既是过往历史的缔造者，也是历史结果的承受者。我们对今后形势的预测会直接影响未来，这就无法像自然科学研究那样对背景条件和知识做匹配，因为我们难以定义现实社会中的状态，当我们试图定义时，它就改变了。

但要是想在市场中长期地重复盈利，那么就必须要使用形式系统，而使用形式系统就无法避免用到定义。这一问题不仅仅是在技术分析流派上会有，在所有使用包含一阶谓词逻辑与初等数论的形式系统中都会遇到。

从基本假设出发到交易系统，我们还能保持逻辑的顺畅，但到了交易系统应用到实际的市场中时，问题就变得更复杂且困难了。

除了定义不完全而导致的误判，还要解决如何通过基本假设来获利，因为我们不能等待假设完全在市场中显现时才交易，那样的话已经没有任何盈利的空间了，我们也不能太早就入场交易，此时还不能稳妥地确定基本假设的显现。交易者若是想要盈利，就必须要在基本假设已经在市场中显现但又未完全显现时进入，并以期市场接下去的走势会按着假设的推演来进行。至此我们需要跳出逻辑，转而加入经验性的、直觉性的方法来应对。

第二部分

交易系统

5

系统的四种情形

交易系统的本质是对市场某一状态的描述，但市场状态本身非常不稳定且并不纯粹，尤其是市场在转换自身状态时的过程异常魔幻，有时候是逐步渐进的改变，有时候是迅猛强行的改变。

均衡观念是公理系统的产物。经济理论的结构类似于逻辑学或数学，它建立在某些公设的基础之上，所有的结论都经过逻辑推理以公设为前提推导而来。

均衡的非现实性无损于逻辑结构的有效性，但是，如果将假设的均衡看成现实的模型就会出现严重的失真，正如应用欧氏几何描述非欧几何的空间时将会发生的情形。

——乔治·索罗斯《金融炼金术》

首先这节不会把资金与仓位管理的问题在一开始就混进交易系统一起讨论，因为这会使我们看不清系统中的一些问题。有些问题是系统本身就有的，而非资金管理的问题，也因此我希望在讨论交易系统时是孤立的，排除了其他所有影响因素的。在这一部分我所谈论的交易系统都将不考虑加减仓和资金问题，更不考虑多个系统叠加后的情况。

交易系统的本质是对市场某一状态的描述，但市场状态本身非常不稳定且并不纯粹，尤其是市场在转换自身状态时的过程异常魔幻，有时候是逐步渐进的改变，有时候是迅猛强行的改变。这也就导致了交易者的假设是不可能在一夜之间就得到验证的，它需要在市场的反复无常中一点一点地显现。

也就是说，交易者假设的实现不是单纯依靠某一两笔单子解决的，而是依靠一系列交换逐步得到验证。只要交易者承认他并不知道市场状态转换的准确时长，那他也就必须要承认其不可能仅通过一笔交易就将假设实现。

只要是依照着假设而进行的交易，那么这一系列的交易和市场之间都应该具有相应的联系，因为在这背后体现的是市场走势和交易者假设逐步开始重合或分离的过程。如果交易者的假设是成立的，则随着时间的推进，假设会逐步在市场中得到确认，交易者的胜率也随之提高，如果没有成立，那么各种麻烦的问题就会频繁出现。

因此如何应对基本假设与市场状态之间的关系是重点所在。我把两者之间的关系分为四种情况：系统有效，系统误判，系统失效和系统死亡。

当基本假设与市场状态大致符合时，系统有效，当市场正处于状态切换或调整时，系统可能出现误判，也可能进入失效，而当市场彻底转变为另一种相对立的状态时，系统死亡。

对于系统有效我想这无需多言，你的假设将与市场走势逐步重叠，一切都按照剧本来演。关键的是，只要市场状态和基本假设相符，那么交易者就要持续不停地交易，当系统有效时，正是交易者理应获得回报的时候。只要系统有效，就要不停地按照系统信号交易，不用担心那些小亏损，最终一定是大幅盈利的。

最为棘手的是系统误判与系统失效，在讨论这两个之前先让我对以下要出现的几个词做解释。

①临界时刻：指交易者的假设将要与市场走势开始重合，但又未完全重合。

②临界点：指临界时刻的大小，时间越长越大，反之亦然。

当基本假设所描述的特征将要在市场中显现，但还未彻底显现时，交易者的假设与市场状态之间的界限会变得模糊不清。

例如出现了一轮上涨和回撤，回撤结束后，立马又恢复上涨，但很快又全部跌回去，在这种情况下对趋势假设来说，像薛定谔的猫一样处于既死又活的状态。

我把这种情形称为临界时刻，它代表着交易者的假设与市场状态之间暧昧不清的关系，多一分则假设成立，少一分又不成立。

交易者并没有预测行情的能力，因此每一次临界时刻的到来对于交易者来说都是一样的，它既可能是一次机会，也可能是一次风险。

而一部分风险的来源正是由于形式系统的不完备性，系统可能会产生误判，错把震荡的某一段判定成趋势的开始，但对交易者来说，在临界时刻尚未结束前两者并没有明显区别，当临界时刻过去后，市场走势完全相反，则系统误判产生，交易者就要果断止损。

也有可能在临界时刻中，市场始终不给出明确走势，反复拉扯，这种情况下则归于系统失效，交易者应当迅速离场观望。

系统误判是市场给出了应答只不过是错的（基本假设在当前暂时不成立），系统失效则是市场非但没有给出应答，还随着时间的推移反而形势越不明朗（无法确定基本假设在当前到底是成立还是不成立）。

临界时刻过后，要么系统有效继续持有，要么系统误判或者失效，坚决止损。但在临界时刻尚未结束前，交易者需要承受期间所有时间乘以波动的风险，并且交易者也不确切知道要承受多少风险才能换来结果。

此处即指临界点，临界点越大，则交易者所要承受的风险也就越大，反之临界点越小，风险也就越小。

市场中最让人头疼的风险来源莫过于此，明确地知道自己是对还是错都有相应的办法去处理，然而在临界时刻，交易者并不知道接下去会发生什么，交易者的假设在此时属于半死半活的状态，提前离场也就不可能获得利润，想要得到最终的结果就必须要承受这段不确定的风险。

临界点的狡猾之处还在于，它并不是一成不变的，临界点本身还会随着时间产生变化。

在交易者入市后，可能一开始临界点在不断地变小，即随着时间的变化，交易者的假设是否成立很快就会得到答案，那么当前这是对交易者较为有利的状况（此处有利并不是代表能产生收益，而是代表交易者只需要承受较少的时间乘以波动的风险就可以得到应有的答案）。

但随后，突然风格大变，市场开始脱离剧本朝着无序波动的方向发展，临界点在此刻又变大了，即假设是否成立并没有随着时间的推进而得到验证，相反还更模糊了。当临界点在不断变大时，交易者在随着时间的推进中非但不能得到假设是否成立的回答，还要承担更多未知的风险。

这也就是前面提到系统失效的由来，市场无法给出交易者假设成立与否的答案，迅速离场并观望一段时间是最好的处理方法，不然所要承担的风险就会越来越大，可能亏损一大笔钱，也可能在反复进出中持续亏损。

当然，是否要参加所有的临界时刻完全由交易者自己决定，面对临界点的变化，交易者要承受多少风险、是否值得，将参考其他的因素来考量。

当临界时刻反复出现，但却屡屡失败，即总是得到系统误判的结果，这时就要注意了，很有可能意味着市场状态已经彻底改变，系统已进入死亡阶段。

系统死亡非常好理解，在当场的市场状态下，交易者的假设完全不存在，任何企图使用不符合市场状态的假设，最后的结果都是亏损，一直到市场状态彻底改变为止。例如相对于趋势交易来说，在标准的震荡市场状态里，趋势交易系统就是死亡的，而和趋势基本假设相反的那一套震荡交易体系则渐渐开始有效了起来。

注意区分系统死亡、系统误判及系统失效，前者意味着如果继续使用将带来毁灭性的后果，并且长期如此，而后两者只是暂时性的亏损和离场，形势并不会一直不利于交易者，可能一两天，可能一两个星期，市场状态又会回到正轨上来。

在系统死亡时，交易者只有两种选择，买张机票去好好放松一下，或者更换另一套符合当下市场状态的交易体系。

系统死亡在时间上还要相对地分为长期和短期，短期的系统死亡通常是类似于市场状态发生了切换，但过一阵子又会变回来，这一类情况是非常普遍的，通常几年后，死亡的系统还可以卷土重来。但长期的系统死亡可能会持续更久，例如我们所用的技术分析是以人类社会群体活动和心理活动为基础的，但如果某一市场或某一品种的参与人数太少，流动性也极差，那么这样的市场是不具备使用技术分析的条件的，任何由技术分析所衍生出来的交易系统在这样的市场里就是长期死亡。同样如果大部分上市公司的财务报表都是造假，那么使用财务报表来观察上市公司的价值这类基本面交易系统也将处于长期死亡状态。

如果从更宏观的角度来考虑，简单地把市场按有效市场假说来分成三类，那么一些系统的有效和死亡将持续更长时间，这背后需要一国的政治经济、法律政策等都发生巨大变化。当然市场并非就可以这么简单地分类，我想表达的是，如果一个市场或者一个品种的环境发生了根本性的改变，离开这个市场并寻找合适的土壤才是最佳的选择。

最后，再把系统的四种情形总结一遍。

系统有效意味着假设在当前是成立的，在系统有效时我们应该坚定持有，并在之后准备进行加仓。

系统误判意味着假设在当前并不成立，在系统误判时无论盈亏都应该及时离场，但并不是彻底放弃交易，机会还可能再出现。

系统失效则是无法判断出假设是成立还是不成立，一切仍然处于未知，这种情况下交易者可以根据自身的系统特点以及盘面波动幅度做出合理决定，继续持有也可能会出现转机，但也可能会增加风险，及时退出并观望待情况好转时再进入也是可行的方式。

系统死亡则意味着假设在当前彻底不存在，交易者需要更换品种，或者更换另一种符合当前市场的系统，并且这一持续时间远比上两种状况来得要长，可以以年为单位来计算。

用更具体点的话来说，以趋势交易假设为例，在平静的趋势中是有效的，在波动的趋势中可能误判可能有效，在波动的震荡中会误判，在平静的波动中会失效。放到更大一个周期级别中去，在长期的震荡里，系统就是死亡的。

除了四种情形外，还引出了临界时刻和临界点这两个概念，它们是交易者的假设映射在市场中时必然会出现的状况，交易者在此处将承受风险，同时系统的四种情形也会在之后得到确认。

如果交易者无论如何都无法确认系统的四种情形，那要么是基本假设出现了问题，可能是假设不够完善，也可能是内部发生了矛盾，需要对基本假设重新规划，要么就是对市场的分类不够完善，不能识别出市场的变化，这说明交易者对市场的理解仍然有缺陷。

能够一直坚持按照某一套正期望系统来交易，那么最终盈利是必然的事情，但这仅仅只是盈利，想要获得更多的利润就要在加仓、获利平仓、控制回撤等问题上下更多的工夫，尤其是对于一个自上而下式交易体系而言，因为系统的状态可直接得到市场的确认，虽然是后知后觉的确认，但这足以让交易者逃过一劫。

能够良好地处理系统的四种情形并保持一致性，是交易员走向成熟的标志。许多人将交易的长期盈利与否归结于系统的复杂性，我认为这种理念是误人子弟的。系统的复杂性只和盈利亏损周期有关，并不能完全避免系统的四种状况，越精妙的系统崩溃时也越猛烈，有效时间持续越长同时也就意味着死亡时会有多惨。有些系统长期有效，并非彻底地避免了系统死亡，而是在死亡的量级上和有效的持续时间上做了转换，通过增加系统死亡时的风险量级来换取长时间的系统有效，历史上许多崩溃性的案例都表明了这点，相对应的，某些系统经常性的死亡，则换来的是一旦有效则有效的量级异常巨大。

一些系统专注于描述“白天鹅”，另外一些则专注于描述“黑天鹅”，这就不难明白某些系统的超额收益正是来源于其他系统的土崩瓦解。在收益来源于风险这点上，市场从来不含糊，风险是不会自己凭空出现和消失的，它要么是被转移到了别人身上，要么就是叠加起来变成了一个更大的风险并在合适的时候爆发出来。

当然，能够开创一个新的流派或者技术超群，确实在短期可以获得巨大优势，但随着时间的推移，市场早晚会反应过来，更何况新的体系和技术不会常有。因此从长期来看，能够完美地把握系统的四种情形再加以心理优势才是我们所需努力的方向，前者属于可遇不可求，而后者才是发扬光大的地方。

6

临界点与二要素

止损成本应当和机会成本息息相关，机会成本越高，则交易者面对临界点的变化时更倾向于持有头寸承受风险，即使临界点已经开始变得不利，但对于机会成本较高的交易系统来说，只要还有可能就不会轻易离场。

“我说的是丢掉我的头寸。等您和我一样老了，就会经历跟我一样多的繁荣和恐慌的轮回，到那时候就会知道，没人承担得起失去头寸的后果，就算约翰·洛克菲勒也不行。”

——埃德温·勒菲弗《股票大作手回忆录》

上节提到了对于临界点的变化，交易者想要承受多少风险需要参考其他的因素来衡量。本节就这一问题展开讨论，并且我将试图把这一参考性的因素扩展到其他的交易系统中去。

临界点越大则交易者要承担的风险也越大，相应的就是亏损资金，但对于一些交易系统来说，亏损并不是最可怕的，长线趋势跟踪系统并不会频繁发出交易信号，更可能是隔几个月甚至几年才有那么几次机会，相比起亏损小部分资金，错过几年一次的大行情才是更令人心痛的。

也因此，我的第一个参考因素就是机会成本。

狭义上的机会成本指：两次临界时刻出现之间的时间间

隔。广义上的可能还要包括：同等资金的实际利率、止损成本、交易手续费、系统死亡持续的时间等。这里暂且以狭义上的为主。

机会成本越大，意味着两次交易之间的时间间隔越长，交易频率也较低，但同时，交易手续费会比较少，止损成本会升高。机会成本越小，则交易频率较高，交易手续费也会升高，止损成本则会降低。

这显然相对应的就是趋势交易系统和高频交易系统。对于趋势交易系统来说，每一次临界时刻的到来都显得弥足珍贵，错过了就意味着长时间的等待打了水漂，前期的等待时间加上止损的损失成本全都收不回来，而从高频交易系统的角度来观察，市场上的机会大把有，按期货程序化交易的频率来算，流动性充足时每天的成交来回可达上万次，盈利的单子占了大部分，也因此，高频交易并不害怕错过机会，害怕的是连续大幅亏损。机会成本决定了交易系统的侧重点，也决定了在面对临界点的变化时该怎样抉择。

第二个参考因素是止损成本。

止损成本代表着在承受风险时的平均止损额度，关键之处在于，止损成本应当和机会成本息息相关，机会成本越高，则交易者面对临界点的变化时更倾向于持有头寸承受风险，即使临界点已经开始变得不利，但对于机会成本较高的交易系统来说，只要还有可能就不会轻易离场，这就导致止损成本通常也很高。相反的，机会成本较低的交易系统，其止损成本也通常较低。

在这里稍微拓展一下，我对于交易系统在具体操作时的看法是，如果牺牲了某样因素从而换取了在其他方面有更高的收获，我就认为这样的转换是可行的、有效的，例如通过承担更多的风险（也即参与更多临界点变化），交易者牢牢把握住了每一次能盈利的行情，那么这样的操作就是有效的、正确的。反之，当交易者牺牲了某些因素后，却并没有换来在其他方面有更高的收获，那么这样的操作就是失败的、无效的（具体牺牲什么来换取什么则根据交易系统的特点来决定，这将在下节中讨论）。

长期来看有效的操作越多，则交易系统的效率也发挥得越好，交易者会得到系统应有的亏损与回报，而失败的操作越多，则交易者就越偏离系统的轨道，可能得到较少，甚至只有亏损的回报。

当然，这两个因素是不可能同时都得到满足的，既想要不承担风险，又想要不错过机会，这是不可能实现的事情，交易者必须根据系统的特点进行相应的取舍。

接下来我用趋势交易系统和高频交易系统作对比，这两个系统在各个方面都走了截然不同的道路，面对临界点的变化时两者的侧重点也完全不同。

从趋势交易系统来看，它的机会成本天然就很高，也因此，不错过行情要放在第一位，也就是说趋势交易的出发点就是要通过承受大量的风险来换取不会错过任何的机会。

那么在面对临界点的变化时，趋势交易者唯有全程参与临界点的变化，一直到临界时刻结束才能保证不会错失机会，并且每一次临界时刻出现都要参与。

从高频交易来看，它的机会成本大多来源于手续费，而对于错失行情根本不担心，尤其是程序化高频交易，每分每秒都有可能产生交易的机会，但由于持仓时间的限制，高频交易的盈亏比无法拉大，如果再考虑到日内资金量上的限制，那么利润就更少了，因此在承担风险上，高频交易需要严格把控。

也就是说，高频交易的出发点就是要通过彻底剥离风险来积累利润，它所参与的交易，应当是临界点越趋向于零越是好。即当单子成交时，就应该立即给出判定，要么假设不成立走人，要么就成立赚取利润。当中不应该存在多余的时间乘以波动，也就不存在多余的风险（这种交易非常依赖于技术上的进步，我老师的高频交易采用的是中性策略，无明确方向，我对此策略并没完全理解，但我认为应该符合临界点趋于零的思想）。

趋势交易是风险承受能力较强的一种系统，高频交易则相反，它的风险承受能力极差，围绕着这两种侧重点，趋势交易者应当尽可能地增强自身的风险抵抗能力，以能够全程参与临界点而不丢失机会，高频交易者则应该对临界点万分挑剔，一些临界时刻不必完全参与，以能够大幅减少风险。

最后，本节说明了机会成本和止损成本，表明了这两者之间的关系，他们之间可以互相转换，而这种转换的结果，则是通过参与临界点时的选择而决定的。那么如何来判断自己的系统到底是属于什么类型，特点和侧重点又在哪里，我将在下节中进行说明。

7
不可能三角

交易圣杯是不存在的，从根本上就不可能创造出一个全能的策略，在各个方面都表现得完美。无论怎样费尽心思进行修改，都只是在挖东墙补西墙。

在导言中，“同构”这个词的定义是保存信息的变换。现在我们可以深入到那个概念中去，从另一个角度看一看。

“同构”这个词的适用情景是：两个复杂结构可以互相映射，并且每一个结构的每一部分在另一个结构中都有一个相应的部分。这里“相应”的意思是：在各自的结构中，相应的两个部分起着相类似的作用。

——侯世达《哥德尔、艾舍尔、巴赫——集异璧之大成》

这个想法在我的脑海里四年前就有了，但我一直没有找到合适的东西来支持其中的某一部分，我只能说这是经验之谈，因为我甚至都没有做过大量的数据回测，部分概念也还未能得到充分的解释，只希望读者能够以一个包容的心态来看待这一节，最重要的是，我想要表明系统的内部是有一些联系的。

如果我们承认市场中的风险是会转移的，并且也承认风险不会自己凭空消失和出现，那么可以想象到的是，风险在频繁的转移下最终会聚集在某一时刻一起爆发出来，反过来，如果风险没有被及时地转移，那么风险就会在某一时段里平摊开来并立即发生。同时风险和收益是等价的，这是一个事物的两面，一个系统的巨大收益就是建立在别的系统的巨大亏损上，如果某人的系统选择转移风险，那么风险就会聚集起来并爆发，与此同时就有另一个系统在这一时刻获得巨大收益，因为另一个系统承受了被转移的风险。

换言之，相应的在一个交易系统里，我们可以人为地增加系统承受的风险（具体表现为胜率降低，止损成本升高，具体操作为参与临界点变化），从而使系统可以在某一时刻获得较高的收益补偿，也可以选择人为地减少系统承受的风险，从而持续地获得收益（胜率升高，止损成本降低，不参与临界点变化），但也会面临一个巨大风险爆发的可能。

因此，我认为所有的交易系统内部，都存在这样一个关系，即在盈亏比、胜率和交易频率之间可以互相转换，并且三者之间也互相制约。

注意，在此处讨论的不可能三角是一种架空的思维方式，这里不考虑手续费、加减仓、资金管理、多系统叠加，以及系统外的市场制度问题等等，并且固定在一个市场一个品种，这是一个架空的世界，目的只是为了看清系统的特点。

之后我所谈论到的胜率、盈亏比、频率等不是指特定的某一笔交易，而是指一个系统被完全执行了相当长一段时候后所呈现出的东西。很多人断章取义拿系统最佳时期的一些数据来讨论，认为自己的系统并不受限制，那我只能说此人一定没有学过概率论。什么样的数据能够代表一个系统？这组数据应该是既包括系统最糟糕时期的表现，又包括系统最良好时期的表现，系统所经历过的行情越极端，之后所产生的交易数据就越具有代表性。

5年前我的交易系统胜率还有70%左右，然而仅仅隔了2年，胜率就剧降至0%附近，所以我完全相信很多人哪怕交易了十几年都还不知道自己系统的真正胜率。

这个不可能三角的含义有点类似于经济学中蒙代尔的不可能三角理论，也称三元悖论。在货币政策独立性、资本自由流动与汇率稳定这三个政策目标之间不可能同时达到，最多只能实现其中的两个，剩下的一个必然被远离。

在交易系统中这三个目标就是：高胜率，高盈亏比，高频率（较低的机会成本）。我认为这三者是不可能同时实现的，其中任何一个的实现，就至少有另一个会被远离。

以盈亏比为例，盈亏比之所以能够变大，在于截断亏损让利润奔跑，那让利润奔跑的必要条件又是什么？就是持仓时间，只要行情还没有结束，那么仓位就要一直持有下去，而每一次的持仓时间越久，相应的交易频率就越低。

如果试图把交易频率变快，企图人为地提前干预，那么交易系统的一致性就会被打破，如果还要继续遵循一致性，但问题是你并不知道当你提前平仓后，市场是否还会有交易信号出现，更可怕的是当你提前平仓后市场立刻封死在涨跌停板，以至于无法成交。

因此在这样一种架空的情况下，想要扩大盈亏比就必然会降低频率，两者无法一起实现，同时为了截断亏损，胜率也自然容易下降，因为所有的亏损都要及时兑现。

而在提高胜率这一端，它需要交易者在保有利润的时候及时地止盈，这是提高胜率的唯一办法。如果不这么做，那么只要价格随后反向运行，或者来回波动，胜率就自然下降了，而在正常市场环境当中价格运行十有八九都是如此反复，企图在保有胜率的时候还要保证持仓时间延长是不可能做到的，在行情还没有反转时及时地将利润兑现是唯一提高胜率的办法，同时交易频率就自然而然地变快了，一旦交易频率变快则盈亏比这端又会受到限制，因为持仓时间的变少限制了盈亏比的扩大。

企图提高盈亏比就会降低频率同时也会影响胜率，企图提高胜率则会加快频率，而加快了频率则会降低盈亏比。这就是不可能三角，同时完成这三者目标的完美状况是做不到的。

我们无法同时提高三个目标，也不能同时降低三个目标，能且最多只能提高其中的两个目标，而剩下的一个就必须要被动地配合另外两个。

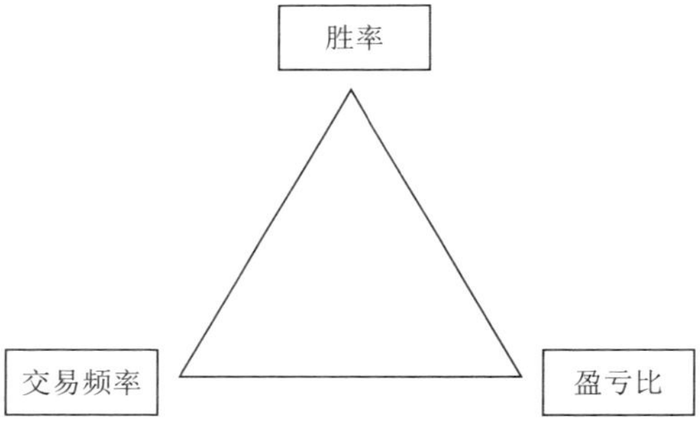

在此我想总结两点：

第一点：交易圣杯是不存在的，从根本上就不可能创造出一个全能的策略，在各个方面都表现得完美。无论怎样费尽心思进行修改，都只是在挖东墙补西墙。

第二点：一个系统的特点取决于基本假设，但其特点是以怎样的方式实现的，有赖于在不可能三角内如何转换，以及具体的操作方式。有了基本假设不代表就有了一致性，一致性的体现需要交易系统在具体的操作中展现出来，如果一个趋势交易系统的盈亏比非常低，而胜率特别高，那显然这样的交易是不具备一致性的。

顺带提一个有意思的现象，如果这个系统的执行符合一致性，那么最终的交易曲线图走势会和其基本假设的描述一模一样。

关于交易系统的内容基本都结束了，很多人会觉得这一部分太过于抽象，没有具体的东西可以参考，但我认为在交易系统框架上就是如此，谈论具体的东西并不能解决根本上的问题，所有具体问题的根源实际上都是从基本假设出发的，从交易者对市场的理解出发的，这些东西当然是抽象的、哲学的。

同时对于我来说，这也不仅仅是关于交易，在构建交易体系的过程中也促使我的世界观、哲学观成长。

从欧氏几何和非欧几何的出现，到爱因斯坦的波粒二象性，以及哥德尔的不完备性定理，再到我从市场中看到的趋势与震荡的定义不完全，这一切都是既矛盾又对立统一着。

在这种哲学思想的影响下，就产生了不完全定义的想法，同时也映射出了临界时刻，有了临界时刻的变化也就产生了系统的四种情形，以及系统的特点和侧重点。

交易者在其中则需要把握执行系统的一致性，脱离了一致性，也就脱离了持续重复盈利的可能，但同时又要认识到市场的完全性，在市场完全性的变化中妥善地处理一致性。当交易者对自己的系统和市场了解得越深刻，就越能抓住市场和系统之间微妙的关系，对这种关系的把握越全面，在交易中的迷惑就越少，对交易体系的驾驭度就越高。

第三部分

超越系统

8 周期与加仓

每一种加仓分配法都有自己的优缺点，交易者在应用时需要和自己交易系统的特点相匹配，我对于使用橄榄型加仓法的出发点是根据趋势在不同阶段下风险收益比的不同而来的。

在交易的任何时候，规则一必须始终被遵守，包括在你加码的时候，以避免你的交易跟着市场掉头反转。

需要记住的是，加码的方法必须根据你的交易计划本身来决定，对应某个计划合适的加码方法未必对另一个有效。

回顾一下规则二，它只是表明你必须对正确的仓位进行加码，并且是被正确地执行。规则没有告诉你如何加码，这要你在自己的交易计划中自行落实。

——阿瑟·L.辛普森《华尔街幽灵》

让我先来把周期说清楚，这和建立系统不一样，具体的交易至少需要确认到在哪一天进行开仓、加仓、平仓，周期的混乱会极大地影响系统执行的一致性，还会限制系统的优势发挥。

首先对于交易系统的各种分类，应当以它的基本假设为依据，如果它的基本假设描述是趋势，那么无论具体的持仓时间有多少，交易频率有多高，它都是趋势交易系统。如果它的基本假设描述的是震荡，那么无论它的持仓时间有多长，频率有多低，它都是震荡交易系统。其具体的操作表现并不能改变它实质上都是在捕捉自己假设所描述的特征这一事实。

因此，交易系统的分类以它的基本假设为准。其次要说明两个周期的概念，分别是观察周期和操作周期。

观察周期指通过工具或者我们肉眼所能看到的时间段发生的事情，观察周期的角度和时间段的不同会直接影响到交易者对市场的理解和分类。有什么样的观察周期就有什么样的定义描述。

而操作周期指具体在使用交易系统时，例如开仓、加仓、平仓所要涉及的时间段，包括持仓时间，这些都属于操作周期。

观察周期决定了基本假设，操作周期则会影响基本假设的发挥。也就是说，操作周期应该要和基本假设相匹配，在正确的操作周期下基本假设才能得到应有的发挥。

早前我刚开始进行交易时，企图把趋势交易的规则应用在日内，虽然也能跟随到趋势，但总体情况还是输多赢少，其中最大的问题有二。

一是当周期缩小到日内后，如何来判定趋势的方向，如果是在日线级别的K线图，我可以参照过往的行情进行判定，并且一旦趋势方向明确了不会那么轻易改变，而这在日内就不同了，日内交易每天开盘都是全新的一天，昨天的日内行情对于今天日内的趋势研判可能没有任何关系，同时即使出现了趋势的方向也都是很容易改变的，很难判断日内的趋势是会持续几分钟还是持续一小时。

二是加仓的困难，趋势交易能够一战成名的关键就在于加仓，然而日内交易的趋势所持续的时间并不确定，并且加仓的风险也异常巨大，很多上涨的趋势会整整持续上半天，然后只需几秒就把所有的涨幅都跌光，如果没有判断好加仓的时机这简直就是在自杀。并且，日内交易的涨跌停板制度直接限制了盈亏比的扩大，无论止损限制在多少点，盈利都有一个上限，而在大周期的趋势中盈利多少几乎是没有上限的，还能够有充足的时间让交易者加仓，这样一来，由于种种的限制，趋势交易在日内并不能充分发挥其威力，基本假设的完美实现需要操作周期的配合才能达成。

当操作周期越发变小时，手续费就会占到相当大的比例，这是一个非常严重的问题，无论是盈利还是亏损，手续费的固定支出永远不变，除非能够长期保持相当高的胜率，且止损不会出错，否则都会导致入不敷出，这也造成在高频率的交易周期里容错率异常低，同时对流动性的要求也非常高，流动性不足就会造成滑点（看到的价格和成交的价格有差价），别小看几个跳动点的差价，几万笔的交易累积下来也是一个非常庞大的数字。而这些困难在低频率的操作周期里则完全不成问题，随着操作周期的变大，机会成本就会变得越来越高，几十个点的小亏损将不再是最重要的了，低频交易一旦获利并正确地加仓将弥补之前所有的亏损。

这里也衍生出另一个话题，所谓的左侧与右侧交易，我认为左侧和右侧对于低频率的交易并不是那么的依赖精确度，而对于高频率的交易则需要非常精准，在高频率的操作周期里，左侧和右侧不仅仅意味着利润的多少，还可能意味着流动性的多少。在不同的价格点位，流动性的分布是不同的，具体的入场时机可能直接就决定了一个策略能否顺利运行。择时在高频里体现的是精确的某一时间点，而到了低频则体现在对整个市场环境的确认。

对于操作周期变化所产生的问题需要交易者根据自己的交易系统特点来把握，处理得好则相得益彰，处理不好反而会互相拖累。

接下来可以说明加仓的问题了，首先是加仓的分配，其次是加仓的规则。当然，这些理念都是依据我自身的交易系统来量身定做的，在此分享仅仅是作为参考，不同的交易者仍然需要按照自己的情况来打造，在这里不单单是逻辑的问题，还有心理因素的问题，这些规则不仅要符合我的系统，还要符合我的心理承受能力，依据这些规则会使我更有信心更有把握，所有的交易者都应该如此。

目前所熟知的几类加仓分配法有：正金字塔加仓法（第一次开仓手数最大，然后依次递减），倒金字塔加仓法（第一次最小，然后依次递增），平行加仓法（每一次都一样），马丁格尔系统（亏损按比例翻倍仓位，盈利按比例缩减），反马丁格尔（盈利仓位翻倍，亏损缩减）。而我所使用的是橄榄型加仓法（第一次和最后一次仓位较轻，第二次仓位最重）。

每一种加仓分配法都有自己的优缺点，交易者在应用时需要和自己交易系统的特点相匹配，我对于使用橄榄型加仓法的出发点是根据趋势在不同阶段下风险收益比的不同而来的。

在一大段趋势刚开始的前期，趋势性并不强，行情容易反复，这个阶段的趋势交易盈亏比不会很大，而到了趋势的中期阶段，趋势开始强劲起来，回撤变得较少且幅度也小，那么在这个时候仓位就应该大胆放大，等到了趋势的末尾阶段，行情又会变得容易反复，随时可能反转，此时仓位应该少量增加，甚至不加仓。

这一对趋势每个阶段强弱判断的理念来源于艾略特的《波浪理论》。艾略特本人认为在趋势的前五浪中，第五浪通常会出现延长浪，其趋势持续时间较长。但后来的编著小罗伯特·R.普莱切特认为第三浪通常才是最强劲的，毕竟艾略特生活的年代市场数据有限，能观察到的历史大行情太少。以我个人的经验，我是大致认同普莱切特的说法的，但不排除第五浪也会是最强劲的，大体这些都是基于一定的概率，第一浪很少会延长，第三浪最多，其次是第五浪。

在这样的概率分布下，我的仓位分配在第一次开仓和第一次加仓时会严格遵守，但是在第二次的加仓会视具体情况而定，尤其是在期货市场里，很少会有整齐的五浪趋势，三浪的趋势更常见，因此第二次加仓将不被严格遵守，可能不加，也可能稍微多加些，但不会超过第一次加仓的分量，因为第五浪仍然存在趋势突然反转或者剧烈震荡的风险。

总体上只要第一次加仓能够稳妥地建立，整个系统的优势就已经完全发挥，剩下的只是赚多赚少的问题。对于其他系统的交易者也可以参考这样的思路来计划自己的加仓分配方法，虽然加仓并没有被包含在基本假设的范围内，但仍然可以将基本假设的理念外延，把一致性贯穿到操作的方方面面，从而将微弱的优势放大数倍甚至百倍。

也因此在这一理念的外延下，我针对加仓制定了两条规则，其中一条在极端情况下将不被遵守，另外一条无论如何将被严格遵守。两条规则存在的目的只有一个，避免因为加仓而导致大幅回撤，甚至爆仓出局。

规则一：无大量浮盈不加仓

这一条意味着，在第一次加仓与第一次保留住的开仓之间要满足一定的距离，一方面能有足够的浮盈来保证承受更多的风险，另一方面也有助于规则二的实现。至于到底浮盈多少，要结合规则二一起来考量，并且这一条将被始终严格遵守，没有例外。

规则二：无回撤不加仓

这一条首先建立在规则一已经成立的情况下，且我对回撤的定义是根据波浪理论的要求而来的，也就是说并不是所有的次要趋势都符合回撤的定义，需要在时间、幅度上都成一定比例，在这一点上如何把握没有一个精确的标准，还需要结合盘面的整体情况来判断。

当我判定一个符合要求的回撤已经出现并且也快要结束时，就是我加仓的时候，同时也是规则一得到明确的时候，即在承受了一次回撤后，加仓的位置和第一次开仓的位置仍然保有一定幅度，此时规则一和规则二将同时达成。

有人提出异议，认为这并没有概率上的优势，因为根据统计长期来看，无论在哪里加仓都是没有区别的。我对此的解释是，我的出发点本来就不是为了获取优势，而是为了避免遭到毁灭性的打击。不妨反过来想一想，如果没有这么做，有没有可能在加仓后才遇见一轮大幅回撤，翻倍的仓位和巨大的回撤有没有可能直接将账户打爆？答案是有可能的，只要有这种可能性，规则二就有它存在的意义，这种可能哪怕只有1%的概率会发生，我也要极力去避免。

和可能爆仓相对应的另一种极端存在，也是规则二的唯一例外：当趋势因太强劲以至于不能形成正常的回撤。此时正是趋势交易应当大幅获利的时候，但由于规则二的存在，在这种情况下并不会触发加仓，这将白白错过大好的时机。事实上在这种情况下，收益风险比是非常高的，加仓的风险几乎可以说是没有，出于保护机制的规则二在此时反而碍手碍脚。

在2016年黑色系开始的一波大涨中，我就违反了规则二，当时的品种是焦炭，见下图：

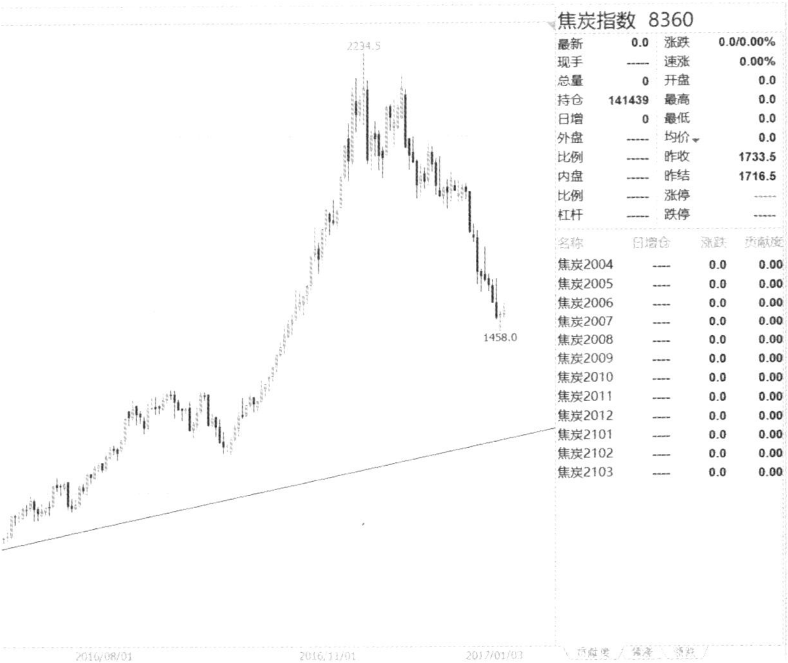

在我第一次建仓成功后，行情开始像脱了缰的野马一样狂奔，几乎以连续涨停板的方式疯狂上涨，我试图耐心等待正常回撤的到来，哪怕是小时级别的，然而没有，行情丝毫没有回头的意思。结合当时的基本面（突然限产导致的冬季供给不足），我判断这次会是异常强劲的趋势，很可能不会有正常的回撤了，于是在连续疯涨了几天后直接找了个小幅下跌就翻倍买入，事后证明我的判断是正确的。

虽然我违反了规则二，但从今天来看，我的操作没有问题，自2016年后开始，市场的行情就开始陷入僵局，到2018年年初，市场几乎没有像样的行情，在这之后的一段时间里我没有盈利一单，胜率为零，每一次试探都以亏损告终，趋势交易系统已经彻底死亡，谁能想到2016年年底的那波上涨已是最后的晚餐。不敢想象如果错过，那之后的系统死亡时期就可能完全抵挡不住，这之后的一年又一年都在不断地向我诉说，错失真正的大行情有多可怕。

规则永远只是规则，它和系统一样，不可能尽善尽美，想要规避风险就也会规避掉利润，规则不是不可以违反，在趋势非常强劲以至于不能形成正常回撤时，规则二和机会成本优先就会产生矛盾，趋势系统错失行情的代价同样高昂，这一高昂的代价一样可能将交易者完全葬送，在这种情况下就需要通盘考虑所有的情况来决定规则是否还有存在的必要。

我不会轻易违反规则二，但我清楚它最终会带来怎样的矛盾。我们可以知道规则的重要性，但也应该跳出规则看到更广阔的世界，优秀的交易者就应当凌驾于规则之上，而不是被规则所奴役，这才是通往逻辑与艺术的完美结合。

9 止损与止盈

你止的是系统和市场之间的关系不相符，或者判断不出相不相符，而不是账户表面上的数字波动，你止的不仅仅是可能导致的亏损，更止的是基本假设和市场状态的不相符而可能导致的交易不一致性。

贝叶斯的理论更像是一种声明，从数学方面和哲学方面表达了我们是如何了解宇宙的：通过近似值一点点地模拟并认识宇宙，收集越多的证据，就越接近真相。

这并不是说所有的先验理念都是正确无误或者行之有效的，但我认为，虽然我们的信念使得我们永远做不到完全客观、合理或是准确，但是我们可以尽量做到少一些主观，少一些不合理，少一些错误。这一基于个人信念之上的预测方法，可能是自我检验的最佳或许也是唯一的方法。

——纳特·西尔弗《信号与噪声》

如果你问我交易是不是赌博，我的回答肯定是正面的，是的，无论是所谓的投资者，还是投机者，还是套利，都是在赌博。

但有一点不同的是，成功的交易者最终一定是走向盈利，而失败的交易者则是必然失败的。因为成功的交易者可以知道自己何时是错的，以及何时是对的，而只有充分地把握了交易的对错，才能确认系统的一致性确实被执行了。

然而大部分人交易了数十年可能都不清楚自己到底错在哪里，对在哪里，太多人过于看重账户表面上的数字波动，全然忘记了自己在交易的是何物。

在我学习交易之初，从各种书中或者网上看到的都是，要根据资金管理来判断，或者无条件设置一个固定止损点位以防止损失扩大。我从一开始就很难接受这种说法，其言下之意就是，止损是一个可以脱离系统而单独考量的环节，这怎么可能？

难道不是因为我们执行了系统从而获得了利润，也获得了亏损吗？既然如此，止损又怎么可以脱离系统来单独谈论？所有的止损、止盈、仓位分配当然都要围绕着基本假设来才对，而不是只从资金管理或风控的角度考虑。我们应该清楚，是基本假设让你的交易呈现概率优势和一致性，而不是资金管理，你首先应该要保证系统的正常运行不被干扰，其次才是风控和资金管理，不要本末倒置。违反了交易的一致性，那么从根本上你的交易结果最终一定是走向亏损的，再良好的资金管理都不能改变这一点。

什么是止损？对于我来说，并不是表面上有了亏损就要去止损，止损是需要理由的，仅仅因为账面亏损或者害怕而止损那都是错误的交易，真正的对错和账面上的浮盈浮亏毫无关联。

会触发止损的前置条件只有两个，其他任何情况都不应该进行所谓的止损。

一是基本假设和市场状态不符合，或者当前无法判断出市场状态是否符合。不是说要有了亏损才算止损，哪怕有浮盈但如果不是在系统有效的情况下交易那就是错误的行为，为什么我要把基本假设与市场状态说的那么重要，因为这就是交易者判断对错的唯一标准。

并不是所有的亏损都意味着你做错了，也不是所有的亏损都需要立刻去止住，只有当系统误判、系统失效、系统死亡时，才需要将账面上的浮盈或浮亏止住。记住！你止的是系统和市场之间的关系不相符，或者判断不出是否相符，而不是账户表面上的数字波动，你止的不仅仅是可能导致的亏损，更止的是基本假设和市场状态的不相符而可能导致的交易不一致性。

如果能够认识到这一点，你就不会被系统的正常回撤所吓倒，也不会为了频繁的止损而懊恼，因为那正是一致性被完全贯彻的体现，它正分外清楚地告诉你，什么是真正的对，什么是真正的错。

二是由于有限的资金而可能导致的爆仓，因为资金的有限，而系统的回撤幅度可能大大超过有限的资金，在这种情况下只能进行止损，但必须清楚，这种情况下的止损破坏了交易系统的一致性，因为这和系统逻辑无关，仅是因为有限的资金不能将系统的整个盈亏周期都表现出来。

所以在我看来，除非发生了以上两种情况，否则就不该止损，不然止的就是机会。什么时候是在正确的道路上？我们一直以来所要面临的问题，并不是如何证明自身的正确性，而是如何在不断地被否决中体会到正确的所在。当没有办法证明自己是错误的时，那就是对的，和证明错误不一样，正确的东西从来就不是通过证明得到的，而是筛选后的结果，交易者在察觉到这样的结果后就应该有足够的底气相信自己的判断。

关于止损我认为不需要再更多的说明了，实际上在系统的四种情形中已经说清楚具体的原因了。接下去要谈论的问题将走到交易系统的尽头，即止盈，但我作为趋势交易者，只能告诉你我的趋势止盈理念。

在趋势交易获利这个阶段，我们不应该用当初开仓的逻辑来平仓，如果你不能认识到这点的重要性，就无法将获得的利润大幅提升。

但是为什么不能？我反问一个问题，你认为行情在100点左右的位置波动和在5000点左右的位置波动，有什么不同吗？明白人都应该能够知道，100点左右的位置其所包含的周期是有限的，因为在有限的空间上无法增加更多的操作周期，这一小小的空间上并不能施展出更多的交易花样来，但如果是在5000点呢？那可能的变数就太多了，一个小幅的下跌，可能意味着10日级别的均线出现死叉，也可能意味着30日均线的回调，还可能意味着60日均线上的突破。

当一样东西还不够复杂的时候，它的变化结果是可以大致猜得出的，但当已经发展到非常复杂的阶段后，可能就没人知道最后的结果会怎样了。

当大级别的趋势行情展开后，在时间和空间的尺度上都要远远大于当初开仓时的规模，这里面可能产生的变数更是开仓时的好几倍。太多的周期叠加在趋势的末端，这也就意味着对应更多的止盈逻辑，当交易者止盈时他并不清楚自己究竟是止盈了自己当初开仓时所对应的逻辑，还是别的交易者开仓时的逻辑。

这一点放在基本面上也同样成立，在牛市上涨的初期和牛市反转的初期，其所对应的基本面驱动因素可能截然不同，或许在初期上涨的原因是因为流动性的大量投放，但当价格高到一定程度时可能有一百种原因导致它下跌，可能是去杠杆，可能是流动性收缩，可能是金融危机，甚至可能是天灾人祸，如果还傻傻等着当初的基本面驱动因素发生变化，那手里的利润早就化为乌有了。

这种开仓和止盈之间的周期混乱和逻辑不对等就导致了趋势交易止盈时必定不能用和当初开仓时同样的逻辑。尝试过这么做的人都应该有过大量的到手利润回吐的心酸经历。

那么既然没有办法按照既定的逻辑来平仓，我们又该如何处理呢？我给出的办法就是，有依据地凭感觉。

不完全凭感觉，但也不都依赖系统，而是借着系统的信号来找感觉，在计划中实践，在实践中完善计划。

我不会去精确地预测顶部或者底部在哪里，我的目标是大致找到市场正处于顶部或者底部的这么一个范围就足够了，我不预测某一个数字，而是预测一个范围。当行情处在这个范围内的概率越高，我就越需要进行止盈离场。

首先要保证自己不会有先入为主的看法，绝对不能在行情还没有给出任何证据的时候就做出判断。我们需要通过观察行情的结构变化来逐步建立或者修改我们的看法，既然利润已经到手，就不着急下论断，我们完全可以等到行情自己给出答案，在行情给出自己的结构状况后，我们再来逐步做出对于当前情形的定论。

当行情一系列的演变结果开始符合趋势走到尽头的时候（具体的判别方式依据自己的理论即可），交易者可以认为趋势处于顶部的概率已经非常大了。当然我更喜欢再多观察一段时间，我认为最好的出场时机是在趋势将要反转但还未反转的时候，左侧的逻辑已经结束，右侧的还未形成，这种青黄不接的情形是最好的出场时机。但前提是，你必须有依据去判定市场已经走出了趋势最强劲的那一轮，否则就是止盈过早，没有把大部分利润都抓住。

要看到趋势的牛气冲天，还要再看到它一鼓作气，再而衰，三而竭，我才能说没有错过利润最丰厚的那一段，而不在趋势彻底反转见证之前就平仓，我才能说利润确实大把的获得了。

拒绝预测是不可能的，因为趋势头尾的信息量不对等，使得我们无法贯穿逻辑。虽然绝对的预测无人能做到，但是我们可以做到相对的预测，可以做到尽量把篮球扔到篮板上，可以做到跟随着市场不停地修改自己的观点。我们或许永远画不出一个完美的圆，但我们只要知道自己正走在圆周率小数点的后几位上就不会错得太离谱。

相比起止损，止盈可以从容得多，机会已经把握在手中和机会还没有抓住这完全是两种情况。前者无需担心丢失机会也不用在意逻辑是否一致，面对这种只需做一次决定的交易，态度应该要尽量的被动，只要市场还没有显示反转就不着急于下结论，而后者则需要更主动的姿态来面对市场的变化，并在错失机会和大幅亏损之间做出合理的抉择。

10

自上而下与自下而上的交易体系

自下而上式的体系看起来相当简单且易于操作，但它们一样有缺陷，这类交易系统的问题在于，当系统遭遇一个足以将本金都毁灭的巨大回撤时，如何才能避免？

“五行一阴阳也，阴阳一太极也，太极本无极也。

五行之生也，各一其性。无极之真，二五之精，妙合而凝。乾道成男，坤道成女。二气交感，化生万物。万物生生而变化无穷焉。”

——周敦颐《太极图说》

在第2章中谈论到了自上而下式的交易体系，这里我就从不同体系之间的区别来展开讨论。

有一些系统虽然都属于同一个流派，但它们却从不一样的角度出发来诠释市场。它们大体可以分成两类，自上而下式的和自下而上式的。

自上而下的交易体系对市场进行明确的分类和定义，关心市场状态与交易系统之间的关系，在意大盘指数的情况，并且有明显的对错之分，可以产生出系统的四种情形。

自下而上的交易体系不对市场做明确的分类，也不去尝试定义市场，而是找到市场最普遍的规律来解释市场。它们没有明确的对错，而是把市场当作一个整体来看待，不会产生出系统的四种情形并且可以永久处于交易中。

自上而下式的交易体系，在本书的前两部分已经介绍过了，这里重点聊聊自下而上式的系统。

第一个就是双均线系统。双均线系统非常简单，不需要判断市场的状态，它只需要跟随，并不停地买入卖出就可以了。前人有大量的测试表明，在各种不同的市场里进行长时间的回测，简单的双均线系统基本都是可以盈利的。海龟交易法则还表明，双均线系统优于三重均线和唐奇安系统。我认为这符合对市场进行完全性描述的思想，因为自下而上式的系统是不对市场做分类的，但同时又要完全跟随市场，那么就需要一个具有足够包容性足够简单的系统才能满足这一要求，当系统描述的工具复杂度越高时其包容性就开始下降，这就造成对市场完全性描述的缺失。

基本面的价值投资派也是属于自下而上式的，他们不关心市场大盘指数如何，也不对市场状态做分类，他们只关心价格是否偏离价值，偏离得越多则买的也越多。这类方式在股市相当成功，但在期货市场是行不通的，我之后会说明。

自下而上式的体系看起来相当简单且易于操作，但它们一样有缺陷，这类交易系统的问题在于，当系统遭遇一个足以将本金都毁灭的巨大回撤时，如何才能避免？因为自下而上式的交易系统是不对市场状态进行分类的，也就不会要求交易者离场，价格什么时候会等于价值呢？答案是永远不会，供求曲线也永远不会交于一个点，也因此这一体系下的交易系统不会告诉你何时该彻底离场以避免本金遭到毁灭性的打击，如果尝试主观性地停止交易，这又会违背执行交易系统一致性的要求，唯一的办法就是在其中加入更多的参数指标进行过滤，但在过滤一部分风险的同时也过滤掉了利润，而双均线的利润本来就不高，这又会变相地增加资金管理的难度，总之没有完美的解决办法。

在具体的应用上，股票市场更适合自下而上式的交易体系，期货市场则更适合自上而下式的交易体系。当然没有说到更适合并不是指完全不能用，而是长期来看优势会小一些。

因为股票市场是永恒的单边市（这里的单边市指的是整体指数而非个股），只要买入并持有最终一定是盈利的，那么也就不需要解决是否要离场观望的问题了，是否对错更无关紧要了，判断出价格低于价值那么就可以买入并持有，并且可以持续不断地买下去，只要国家在不断发展股市最终一定会上涨。同时股市没有默认的高杠杆以及当日无负债结算制度，更没有强行平仓制度，这在面对大幅回撤时，为不离场交易系统提供了良好的基础。

而在期货市场里，这显然行不通，当日结算制度和杠杆将迫使你提早把亏损兑现，并将原本的正常回撤扩至更大，原本在股市里的小幅回撤放到期货市场里就是一场灾难，如果企图用资金管理来避免，将导致资金利用率大幅下降，收益率也会迅速收缩。不同于自下而上式的，自上而下式的交易体系可以知道何时该避免毁灭性的打击，虽然是后知后觉地知道，但对于一个巨大的回撤来说已经足够了，在这一点上能够有效避免的话，其与之相比较下的优势就显而易见。

还有一种比较特殊的交易方式，属于找到市场的短期规律，或者市场的漏洞，比如每周四下午两点就会有五万手多单买入并将价格推高两百多点，那么交易者只要每周四下午两点跟着一起买入就可以了，又或者政策规定新股上市首日跌幅10%，涨幅不限，那看见新股闭着眼睛买入就是一个稳赚不赔的策略。

这类比较特殊的方式其问题在于，你不知道何时这些规律或者漏洞会消失，并且一旦消失就很可能是永久性的，它们不是属于市场的内在规律，如果从今以后机构大户不再买入，或者政策修改了新股首日涨跌幅的规定，那么这类策略就会彻底地死亡。同时，当策略亏损时，你也很难区分这究竟是策略的正常回撤还是策略的死亡，而对于一个长期有效的策略来讲，并不存在这个问题。

说完这些后，再来谈谈我对不同市场使用不同体系的看法。

我认为外汇、期货和股票市场它们都是有着本质上的区别的，不管买入后对价格价值的影响如何，都不会改变它们所代表的事物。

一只股票就是一家鲜活的公司，它们有经营的范围，有产业，有收入，有负债，有资产。如果所有大盘指数都跌到零或者长期下跌并且永远不创新高，大量的公司无论是好还是坏市场的定价都是趋向于零，那意味着什么？意味着这个国家要么彻底完蛋了，要么社会开始倒退了。想一想，你所在的国家可能发生这种事吗？二级市场有水分不假，大量的投机活动使价格远离价值，但是你也要承认它并没有消灭价值，上市公司的实体仍然健在，除非全体投资者眼瞎并且喝醉，否则，股市永远是上涨的，股票市场是毫无疑问的单边市，尤其是对于中国这样一个潜力无限的大国。

而期货市场它的标的物是一张合约，它并不是代表一个公司或者一个行业，仅限于代表合约上所标明的那个标准交割物。显然，如果有一天期货市场具备和股票市场同样的性质，即永远的单边上涨那意味着什么？那意味着这个商品的价格终有一天贵到没人买得起，如果所有的商品都这样的话，那就意味着，没人能买得起任何物品了，货币直接贬值成普通的白纸，并且接下去所有产业链上的公司都要倒闭。

也因此，期货市场上的震荡和回撤要比股票市场来得更频繁更漫长，商品的价格受市场供求关系影响，也受到政府的调控，而谁又会愿意让大宗商品整天涨个不停或者跌个不停呢？商品价格长期保持在一定幅度内才是正常的，如果出现了大趋势那意味着供求关系出现了严重的失衡，而供求双方都会想方设法地满足自己的诉求，并且政府也不会袖手旁观。因此，长期来看期货市场就是永恒的震荡市，任何大幅度的上涨或下跌最终都会被填回。

从这里也就可以看出，那些买入不动，甚至越跌越买的策略在期货市场是行不通的，在股票市场你可以这么做，但在期货市场里，不仅长远来看行不通，期货市场的当日结算制度和天然高杠杆也会让这种策略在还没生效前就破产。

最后是外汇，我在外汇市场交易过一个月，因此只能以浅薄的经验谈谈我的看法。外汇代表着两国实力之间的差距，货币的强势可能意味着一个国家的崛起，但又不仅仅如此，因为还要考虑国际收支平衡、黄金与货币之间的避险关系、政府的政策导向、国际游资的动向等等，这些都是非常庞大的话题，很难看得出一国货币最后到底会怎样演变。也因此，对于外汇，我很难判定哪种货币会处于哪种情况，它并非只是简单的两国实力对比。相比起基本面，或许对政治、国际格局、领导人物的理解更适合外汇市场。

总体上这些是市面里主流的交易手法，在之前章节我所阐述的交易理念和手法都是适用于自上而下式的，并且是在期货市场里所得出的经验，对于其他的市场和交易体系可能并不适用。

在不同的市场不同的品种里，仍然需要具体的应用方式。这些细节性的工作需要长年累月的打磨，同时它们带给交易者的优势也是非常重要的，不要小看这些微弱的优势，在长期的积累和杠杆的放大下，同一个体系下的交易者会有巨大的差异。

11 风险控制与资金管理

交易者最大的风险来源于哪里？你可能不敢相信，交易者最大的风险就是来源于坚持不懈地执行一套系统。

永远记住，只做你能做的行情，接你能接的资金。

用遍历性框架解释就是，在俄罗斯轮盘赌游戏中我的爆仓对于我本人而言不是遍历性的（由于我爆仓出局导致我无法实现时间概率的遍历性），但对于系统而言是遍历性的（对于系统而言，有人爆仓出局体现了集合概率的遍历性）。

正如我与几位同事提出的那样，预防系统因遍历性而产生的极端情况应该成为我们首要关注的事物——要防止自己成为系统遍历性的牺牲品。

——纳西姆·尼古拉斯·塔勒布《非对称风险》

交易者最大的风险来源于哪里？你可能不敢相信，交易者最大的风险就是来源于坚持不懈地执行一套系统。

如果让我来招聘交易员，我一定会问一个非常尖锐的问题，你的系统在什么样的情况下会死亡？你的系统在当前的操作下有没有可能爆仓？

答不出的人要么是完全没有想过这方面的问题，对自己的系统盲目自信，要么就是经历不够多，还未有遭遇过极端的情况。

很多人对于爆过仓的交易员或者有过大幅回撤的交易员都感到害怕，实际上，那些从未出过问题的交易员才是真正可怕的存在。尤其是对于那些走了长期适应市场、不停转嫁风险的交易系统，很容易让交易者沉迷在系统的稳定性中，以至于忽略了那些小概率发生的事情。

可是有没有想过，系统的稳定性从哪里来？它的稳定性在于忽略所有的极端情况，它们并不是将极端情况包括进去思考，而是选择视而不见，那么什么时候系统会崩溃？当然就是小概率事件发生的时候，并且一旦发生就是巨大的亏损，这是企图满足永远稳定的必然下场。

我的想法很简单，如果你有一个正期望的系统，那么你就需要满足大数定律，这就意味着要在市场里数十年如一日地交易，时间越久，交易的结果就越符合正期望，而交易的时间越久，系统遇到极端情况的概率就越从偶然变成必然，也就是说，在实现系统正期望的道路上，遭遇毁灭性的打击是必然的事情。

对于个体来说可能无法洞见系统的死亡情形，但对于整体市场来说，系统的死亡是必然的。国内期货市场从2016年底至2018年初，市场的状态开始频繁切换，每一种状态持续没多久就又开始变化，当时大部分的策略都出现亏损，无论是趋势还是震荡策略，甚至日内短线也受到了影响，这种市场状态的不纯粹切换是最可怕最无解的情形（某一状态还未维持多久就开始产生了变化，甚至都没有成型就又切换成另一种，如此频繁反复切换简直就是所有交易者的噩梦），许多刚成立的私募因没能处理好这一状况直接就关门大吉了。

非常应景的是，就在我完成本书的过程中，一系列百年难遇的事情正在发生。

在2019年末，一场将要席卷全球的病毒正在悄然酝酿，在此之前没有人会怀疑服务行业的前景，一些人正准备着投入资金到餐饮、航空、运输等行业，等到2020年春节，病毒开始在国内全面爆发，为了防止病毒的疯狂扩散，全国禁止人员流动和聚集，需求大幅下降，成千上万的服务业面临亏损，企业为了生存不得不大幅裁员降薪，这又会进一步打压需求。

无独有偶，2020年3月份后病毒开始在全世界范围扩散，瞬间从一个国家的灾难变成全世界的天灾。世界上不同的政治体系和规章制度将遭受彻底的检验，对于从来没有考虑过这样百年难遇的灾难会发生的政府，其后果是毁灭性的，经济将遭受重创，极高的感染率和不差的死亡率让民众生活在惊恐之中。中国制度的优越性则在这次战疫中体现了出来，尽管西方国家仍然装聋作哑。

人们对于自己所信仰的东西很难坦诚面对它们失败时的情形，这些人不愿直面可能遇到的危机。

在交易中没有哪一个策略是不会遭受毁灭性打击的，我们常提到的套利交易，在基差不缩小反而持续扩大时远比趋势交易危险。近期一些对冲基金也陷入了困境，它们相信只要找到两个完全不相关的品种就可以降低整体的风险，这在过去或许是可能的，但是随着资本的流动性越来越好，以及消息的传递速度越来越快，各个品种的相关性正在逐步升高。我依然记得2016年11月11日的农产品和金属产品同时闪崩，事实上所有的品种都一起下跌了，当市场开始恐慌时，资本是不在乎什么相关性的。

如果你还要习惯摸顶抄底，那么参考下2020年初的美原油，5月份合约创造了历史性的负38美元的价格，我所知道的是许多人在0.1美元的价位买了进去，认为跌无可跌，我对他们的钦佩是发自肺腑的。

失败从来不是什么难堪的事情，它能够让人远离无知和无畏，一个能够想象出自己末日的交易员要远比自信满满的无知者靠谱。然而投资者喜欢听那些鬼话，产品经理也乐于营造氛围，但真正的交易者必须时刻铭记，市场中是没有偶然的，最好的结果和最差的结果都会发生，我相信有智慧的人不必等到那一天到来才恍然大悟，我们在创造自己系统的时候就能够推断得出最可怕的结果。

而对于极端情况的处理我的回答很简单，要么留有足够的资金来支持，要么退出市场暂停交易。前者的好处是可以在不中断系统的一致性下挨过末日，后者则是彻底地逃离末日，当然也断开了与系统之间的联系。具体选择哪一个仍然和之前一样，视你的整个体系而定，没有最完美的方法，有的只是匹配度的高低。

对于那些不管在任何时候任何情况下都要追求持续稳定盈利的人，无论是资金方，资管投顾，还是交易员，我奉劝一句，最好放弃这样的念头，我只能说在一个交易团队层面上，可以通过不同策略的互补来完成持续盈利，但对于个人来说，这种情况是不可能的，一个优秀的交易员，在市场不利的情况下他所能做到最好的就是少亏，甚至不亏。

对于不理解市场，也不愿意听从专业意见的人，我们应该要有勇气拒绝。唯资金是从，不仅是在给自己下套，也极其不尊重市场的规律。永远记住，只做你能做的行情，接你能接的资金。

第四部分

职业生涯挑战

12
招聘的困境

能够说出自己策略的逻辑，能够知道自己策略的最大风险点和最大盈利点在哪里，自己的交易记录里都犯下了哪些错，并已经有办法来修正，我觉得，如果能够把这些都搞清楚，那么挣钱是早晚的事情。

人生最大的风险在于没有彻底失败过，应对逆境的能力决定了你最后的成功。

——比尔·阿克曼（潘兴广场资本）

我大学刚毕业那会还在期货公司上班，但实在想要做交易，于是开始到处投简历。

但是各种公司的招聘流程、考核制度，实在是让我无语，不仅仅是从现在来看，哪怕是在当时我一个刚工作没几年的人来看，也觉得非常不妥。

我还清楚地记得，第一次跑过去面试的一家外汇公司叫金闸投资，一进去后先给所有应聘者们讲技术分析和基本面框架。

技术分析讲的居然还是蜡烛图，什么孤岛形态，反转十字星之类的。我当时就心想，这东西能代表技术分析吗？然后上课就告诉你们某某技术形态有一定的概率之后会怎么样怎么样，我觉得我上去都能比他讲得好。技术分析压根就不是用来预测的，技术分析是一种思想，并不局限于用什么手段。

三天的培训结束后，开始做理论题，因为在去面试之前我就已经把有关技术分析方面的书都看了好几遍，大蓝本有三遍，蜡烛图看了两遍，波浪道氏也都看过一遍，当然我并不觉得我会交易了，我到私募里来也不是为了学这些东西的。不意外的，我理论题做下来是第一名满分。

然后开始模拟盘测试，给所有新学员三天的时间，然后比谁的收益高。这一部分是我最不能理解和诧异的，因为他们并不区分不同的策略，不管你是做短线还是波段趋势，全部都只给三天时间，这种考核方式我真的很无语，短线的怎么可能和长线的放在一起测试，这不开玩笑吗？长线趋势可能好几个星期都不会有行情，短线几个小时就出效果是当然的事情。

我当时为了能够做出点成绩，把周期改成一小时级别，主盯美澳、美英和黄金，但是在那三天里都没有发生什么大事情，基本上所有的突破都是假突破。

三天后，我的模拟成绩只排到第12名，一共40多个人，第一名的公司给予10万美元资金交易，第二名5万美元，20名之前的约谈，当时给我出的条件是公司出5万美元，我自己出5万美元。

不管是不是骗子公司，但我是从头到尾都很不解，仅仅通过三天的业绩和所谓的理论测试题来筛选出能赢钱的交易员，真的是很幼稚的想法。

不谈策略的正常回撤，不谈交易者对策略的理解程度，也不问交易者的过往经历，仅仅以短期的盈利程度来考核这个交易员的靠谱程度，这里有多少的运气成分和随机性，用脑子想想就能明白。

不出所料，那个第一名，在两个月后以亏损6万美元的幅度被公司辞退。

后来我又去试了两家私募，一家是期货私募，老板是四川人，靠做期货发家，后移民到新加坡，国内私募委托给下面人管理，据说是赢了有十亿左右。

我去了后，第一件事情是先做题目，一系列类似心理测试的问题，什么在发生什么样的情况你会如何如何选择之类的。做完了后去见面试官，一男一女问的问题都是诸如“你觉得最自豪的事情是什么，你的目标是什么？”等等，而对于交易方面的问题一个都没有。

这就让我感觉，这家公司又走到了另外一个极端，不关心应聘者对市场的理解程度和基础知识框架，而只关心他的心理状况和心态如何。我承认，心态确实很重要，但没有成熟的策略，没有对策略的良好把控能力，一样会亏损。最后的应聘结果也是不了了之，没有下文。

另外一家私募，一进去就说要交一笔学费云云，最好还自己带资金之类的，我扭头就走。

这基本上就是当时国内私募的状况，尤其是在期货、外汇方面的私募，股票类型的私募倒确实有许多成熟的招聘和管理制度，毕竟证券行业成立的时间最长。不过，稍微有些规模的股票私募，对应聘者的学历和工作背景要求也非常高，对于一个刚从学校毕业的人来说，几乎没可能进入。

就现在看来，如果让我招聘交易员，这里交易员指的是自主决策接资金操作的交易员，我一定是从全方位来看的，尤其是他的交易经历。

很多人会忽略交易经历这一点，但我觉得这无比重要，因为策略的有效性和无效性在很大程度上是取决于行情走势的，一些极端的行情走势，会把策略的最大风险和最危险的状况都表达给交易者看，而这些事情能够极大地改变交易者的世界观，改变交易者对市场的理解程度。

我们对市场、对策略的理解，不是通过回测来增强的，回测确实有用，但它不会以一种颠覆你世界观的方式来完善你的理解。

用塔勒布的话来说，我们相对于系统不是遍历性的，但对于整个市场而言，我们的爆仓出局正是遍历性的体现。

而一个没有足够交易经历的人，是很难体会到，自己的策略在遍历性作用下的局限性。

其实后来我也想明白了，大部分的私募都是很浮躁的，既然来到了这个行业，那肯定都是奔着快速赚钱来的，有几个是能够心平气和愿意慢慢累积成长的呢。

他们想要找的人无非就是那种天赋异禀的短线高手，几个月内就给你翻倍，然后分钱，加大募集规模，再接着赚。

尤其是在2015年前做股指期货短线的，确实非常多的人赚到了钱。

但是怎么说呢，我是喜爱这个行业的，喜欢在这种博弈中体现自己的耐心和完善自己的策略，然后在盈利中分享自己努力的成果，在亏损里使自己进步。

这种对交易过程的喜爱，促使我思考和反思，在疯狂的行情中揣着激动不安的心加仓，是这个游戏中很大一部分的乐趣，能够赢钱固然很开心，但这一过程也同样充满乐趣。

只不过，很多人包括机构，是把它当成一种生活养家的工具，他们对于交易的需求，是出于非常现实的需求，我穷，我需要快速挣钱，什么来钱快就搞什么。

而对我这类人而言，是有点类似于武痴一样的情况，我想要探究这里面的奥秘，往更深更有意思的方向去，能够赢钱则是证明我方法正确的衡量标准之一。

所以我就觉得，如果让我做招聘的人，基础的知识框架和心理心态肯定是要考核下作为参考的，但更重要的是，首先招聘官自己要懂交易、有交易经历，事实上很多招聘的人自己都不懂交易，交易水平也不行。

然后，我作为一个有交易经历的人，我要和应聘者做一次深度的交流，我需要知道他对策略、对市场的理解，他的过往经历如何，他的历史交易记录和他所描述的策略之间是否相符，如果不相符，那么是哪里出了问题。

不要和我说你嫌烦，嫌太费时间精力，拜托你要招的不是流水线上的工人，你要找的是一个能够自主赚钱的核心人才，连最基本的时间精力都不肯花下去了解，那最后招来的人让公司亏损不是必然的吗？

能够说出自己策略的逻辑，能够知道自己策略的最大风险点和最大盈利点在哪里，自己的交易记录里都犯下了哪些错，并已经有办法来修正，我觉得，如果能够把这些都搞清楚，那么挣钱是早晚的事情，万事俱备只欠东风而已，账单里过往的亏损反而是宝贵的财富，是将来爆赚的垫脚石。如果都说不清楚，根本就没想明白，那么过往的亏损就还是亏损，过往的盈利也只是账户上的短暂浮盈罢了。

毕竟，能够交易一时的人太多，能够交易一世，从坟墓里爬出来再攀高峰的才是强者。

13 挑选还是培养

什么叫做交易有天赋的人呢，我总结下来，有异常好的专注力，良好的心态掌控能力，有自我训练和钻研的强迫症，这几点可以算是内因，那么外因呢，我觉得就是这个人的交易环境了。

学术界有着独特的魅力，但它还没有足够的魅力让我后悔离开那领域。

遵循美感才是我的行事导向，我所做的一切对我而言都是有着美的组成。

——詹姆斯·西蒙斯

在谈论到交易员成功所应该具备的条件时，我认为不能以绝对的眼光来评判。

至少在早前我所认为的“培养没有任何用处”，还是有待商榷的。

一些极端的例子确实可以有力反驳，像日本股神小手川隆和cis，没有接受过任何培训，仅仅看过一本书做到上亿资产，国内的徐翔没接受过什么系统的教育，业绩碾压大部分基金经理，美国的约翰·阿诺德40岁前赢了十几亿美元，等等。

但是有一点，这些人的交易环境非常好，什么意思呢，就是要么有一个交易团队，要么有实业交易机构，要么在交易所，总而言之并没有彻底地脱离一个可以学习到经验的环境，这其实是很重要的一点。

什么叫做交易有天赋的人呢？我总结下来，有异常好的专注力，良好的心态掌控能力，有自我训练和钻研的强迫症，这几点可以算是内因，那么外因呢，我觉得就是这个人的交易环境了。

很多交易员喜欢闭门造车，其实这个害处不小，阅历这个事情我认为非常重要，你看到其他交易员的手法你才可能会感叹，原来还可以这样处理，原来交易还可以以这样的方式来理解，尤其是在资金量上去，或者盈利上不去了后，这些瓶颈都需要通过开放式的交流来解决。

我现在越来越喜欢强调一个词，叫曲线救国，就是很多问题，其实不是笔直的直线性思维来解决的，而是绕一个圈子，绕到一个看似不相关但其实相关的问题上来解决的，而这种不相关的方式很有可能是最佳的解决方案。

做趋势交易，有的时候看一看短线的人怎么玩的，看一看他们在细节上的手法是怎么处理的，可能就会解决一些趋势交易里开平仓的问题，看一看做资产配置的，他们的头寸怎么分配的，怎么计算的，可能就会让趋势交易更上一层楼。

这些东西，你不出去交流，不出去多看一看，自己一个人闷头在家里想，一辈子想不出来。

《金融怪杰》里的那些交易员，可以说，几乎，要么期货公司出身，要么交易所起家，要么家里有亲戚朋友就是做交易的大佬，还真的没有哪个是自己闷头在家里搞出来的，一个都没有。

所以我就觉得，整个交易的环境，这个环境对你的培养，是起到相当大的作用的，未必是说一定要有个老师带着你。关键是在这个环境中，有各种不同思想的碰撞，有不一样的经验让你打开世界观，更完善你的交易理念。

上次有个朋友问我，在私募里老师主要教些什么呢？我仔细想了下，好像其实也没有教什么，最主要的有两个：

第一，你的交易假设是什么？这个假设完整不完整，逻辑自恰不自恰？

第二，你的交易结果和交易假设是否相匹配，是否实现了假设的路线，实现的效果好不好？

除了这些以外，没什么好教，什么指标、技术分析、基本面，这些东西自己学就行了，真的关键就这两个问题，其他的完全可以自己学。

交易环境和培训指点，可以起到一个托底的作用，就是说在这样一个环境里，你不会做得太差，因为丰富的经验都告诉你了哪些是低级的错误、显而易见的错误，就不要再去犯了，什么不肯止损、随便重仓、没有交易逻辑，这些最最基本的东西，是可以依靠培训来补足的。

但是一个人的上限，这个是难以估量的东西，就完全是看天分的了，能掌握多少资金量，能做到什么程度，能有多大的魄力意志力，这些东西不是靠教的了。

培训和交易环境决定了一个人的下限，天分决定了上限。两个都有当然是完美了。

海龟交易培训班的结果，我觉得是符合这样的说法的。首先一点，海龟成员并不是马路上随随便便拉一个就过来培训的，而是经过了层层严格的筛选，笔试面试，背景调查，最后在培训的过程中还淘汰了几位。

就这样的一个过程而言，你能说是任何人经过培训都可以做交易盈利吗？显然不是，马路上拉个没背景的乞丐过来肯定不行。

但是，就结果而言，你能说培训没有任何用处吗？显然也不对，这些海龟成员，最后的业绩都是不错的，一部分还赚了相当多的利润。

从这个实验来看，交易环境和培训是可以起到提高下限的作用的，优秀的培训起码可以把一些人提高到高于平均水平的高度上来，但是想要在培训班里出一个巴菲特或者出一个索罗斯这就是不可能的事情了。

一个有天分的交易员，他的下限很可能就是别人的巅峰，别人要花几年时间领悟的基础问题，他们可能花几个月在实践和交流里就知道了，在这一点上我们不得不承认。优秀的交易员本身就是自我训练和学习机器，只要给予足够好的环境和养分，根本不需要教什么。

更关键的，优秀的交易员也时刻清楚自身的局限性，乐于和不同的人交流从而获取别人的阅历和经验，而不是一味地闭门造车，甚至很多时候做一些和交易不是那么相关的东西，你说数学不相关可西蒙斯是世界级数学家，你说哲学不相关可索罗斯就把哲学应用在交易上，你说游戏不相关可小手川隆在交易前是游戏高手。

我相信，天才都是变异的结果，都带有自身独特的风格，并持续专注地把这份独特做强，他们在交易中既顺从了市场，又建立了自我。

14

你的信心来源在哪里

能够把交易者之间差距拉开的关键在于两点：第一是能否在大幅获利后及时地平复心态，把仓位恢复到正常规模，并且仍然能够客观地分析市场；第二是在做对时，能否大幅地加仓，这需要勇气。

任何人从错误中得到的教育远超过从成功中所学到的。

——保罗·都铎·琼斯

几年不见，和老师重逢聊天之际，我说，能够把交易者之间差距拉开的关键在于两点：第一是能否在大幅获利后及时地平复心态，把仓位恢复到正常规模，并且仍然能够客观地分析市场；第二是在做对时，能否大幅地加仓，这需要勇气。

老师说对，尤其在加仓时，你需要找到你的信心来源点，你的勇气来自哪里？是什么促使你敢于这么做，是来自理性，还是来自疯狂？

如果任凭行情所营造的氛围来带动你的话，十有八九是做不出理智决定的，想一想涨停板封死时的感觉，本金以飞快的速度翻倍，这种轻而易举得到金钱的刺激感足以摧毁理智。

同时，也害怕机会溜走，我如果不加注跟，或许就会错失大好机会，就像是骗子打电话告诉你，下午3点前再不转账，稳赢投资项目就要关闭了一样。

这两种市场营造出来的急促氛围，要求你迅速做出合理的决定，我现在已经大幅涨停了，你跟还是不跟?

如果跟，那么你的信心来源在哪里?在加仓后，可能真正的考验才要开始，行情在大幅突进后的一个迅速回撤，很容易让加仓后的交易者失去镇定。在这种时候我们不得不向自己的内心发问，你为什么还能持有下去?是什么促使你无视账面上的大幅回撤。

这时确认自己的信心来源在哪里就显得无比重要，它将持续地给予你勇气和信心将正确的交易进行下去。

我时常思考，那些已经在市场获利千万甚至上亿的伟大交易员，是什么让他们再一次地敢于重仓交易，把已经一辈子都花不完的财富翻至数倍。

我想，在市场里，我们不仅在交易我们的逻辑和认知，也在交易我们的过去，交易我们的格局，交易我们的价值观世界观。

有时候，我们还需要对自己的认知，对自己建立的逻辑有一种信仰，我们不知道市场什么时候会出现行情，但是市场的状态不会一直糟糕下去，好的行情必然会到来，我们不知道回撤可能有多大，但是有多大的回撤就有多大的利润，这种无法验证也难以名状的规律就像是一种信仰般让交易者得以依靠。

有一种说法，做交易想要成长起来，需要爆仓几次，彻底的失败过才能学起来，对于这种说法，我支持其中的一部分。

从系统的构建和完善来讲，我们只有也只可能从失败中获取，顺利的交易并不会帮助你找到问题，同时每一次的失败再进步，也是一种信心的积累。

无论你是否相信，做交易需要一种连续性，这种连续性能让交易者感知到市场的巧妙变化，在起起伏伏的历程中，交易者会大概地知道，自己要的行情将要到来，这种对于节奏的感知，只有长期在市场里交易，有过失败有过成功的人才能清楚地知道。

这些过去积累的一点一滴，不仅仅在系统方面做出了完善，也充实了交易者的信心。同样是一个策略，为什么你做的效果和别人的效果不一样？因为你没有他那种在做对时的强大信心来源。

伟大的交易者拥有远超普通人对于“对”的证实度，当所有的错误都没有得证时，那么就一定是对的。

附录 1

谈谈交易心理

从本能和道德的观点来说，本我是完全非道德的，自我则力求是道德的，超我则是超越道德的典范，并对自我有强烈的约束和谴责。

值得注意的是一个人越是控制他对外部的反应，他在自我典范中就变得越严厉越具有攻击性（罪恶感）。

——西格蒙德·弗洛伊德《自我与本我》

以下内容整理自我之前已经发表过的一些文章，我将其中一部分关于交易心理方面的内容提炼了出来。

在我看来，交易心理中最关键的在于认识本我、自我和超我。我曾经问过我的老师一个问题，为什么大家同样都是用趋势策略交易，但有的人能赢，有的人却亏呢？关键在于，有些人具有心理优势，这些人的本我本身就很符合这种策略，这样自我和超我就不需要费太大的力量就能良好地约束自己，而那些本我并不符合，自我和超我又弱小的人几乎不太可能能良好地控制住自己。

认识到自己的心理优势，并妥善地利用这点，是完美发挥系统优势的关键。

1. 征服恐惧

真相通常躲在一层薄薄的纸后，而它往往是被一颗坚韧又好奇的心捅破的。

领悟真相

顿悟交易的真相，或许只需要一刹那，然而大部分人从一开始就走上了歪路，在门外苦苦徘徊不得要领。

先把交易放在一边。我想先说的是我是怎样学会游泳、骑自行车的。

通常我们都知道，人生来就是会游泳的。但我看到更多的“旱鸭子”在下水后的挣扎和恐惧，大部分人在没下水前就想好了100种自己被淹死的场景。可事实上，如果你猛吸一口气，平静地躺在水里的话，几秒钟后你就会像鸭子一样浮在水面上。

和大多数人一样，在经历教练、朋友们的各种教导和训练后，我深刻地体会到：除了喝了太多鲜猛百味的泳池水所带来的反胃之外，我并没有真正学会游泳。

我是怎样在一瞬间学会游泳的?

是在偶然的一次好奇且大胆尝试屏气待水里一动不动会怎样时学会的。没有培训班，没有教练，没有正确的姿势。就是在那一瞬间，我惊奇地发现身体根本沉不下去，随之内心的恐惧一扫而光。

我想指出，这是最关键的一点，如果一个人的脑海里时时刻刻充满对溺水的恐惧，那么无论别人怎样教导，都是徒劳的。

在没学会骑自行车前，我一直觉得那些会骑车的人是不是有什么魔法，居然能骑在那么细的两条轮胎上前行不倒。或许这不是魔法，但那难度的级别也应该和马戏团里走钢丝相当。

摔了三十多次后，我实在是受够了一次又一次相同的结果。

为什么我就不能像别人一样平稳骑行?为什么刚坐上自行车的鞍座我就已经随时准备好了要摔下来?为什么我总是一再恐慌摔倒的痛苦进而放弃保持平衡?

这一次，我发誓哪怕马上摔下来，我也要控制平衡到最后一刻。

抱着这样的信念重新骑上车后，我猛然发现如果我时刻都努力保持平衡的话，自行车也没有那么容易倒下嘛，之前的摔倒难道不正是因为我的心在带着身体摔倒吗？

如果我不想让它倒下，它就不会倒下。而一旦我失去信心被摔倒的恐惧所左右，我就永远掌控不了平衡。

作茧自缚

事实上，大部分人的悲惨结局都是自己造成的。

如果你试着随便开一单后当天不再理睬，它最大的亏损额度就不会超过今天的最大波动。但实际情况是，我们总有五花八门的方法，迅速地把自己的本金赔个精光。

水并没有恶意要淹死人，是我们自己恐惧导致身体下沉；自行车也没有恶意要摔倒我们，是我们自己保持平衡的信心倒下了。

同样，市场也并没有恶意想要消灭谁，你买我卖，你情我愿，导致我们输光的一直以来就是我们自己。

你看看，市场从来都是闷声不响的，他每天按时开始，默默地走出每一根K线图，再按时结束，更不会在周末晚上默默计划怎么赚上一笔或者打探些什么消息，市场也没有说，我明天就将关闭，你们再也别想从我这里赚到一分钱，市场本身就如同自然万物一样客观存在。

然而组成市场的人们却总是讨论声不绝于耳：种种见解和看法充斥媒体、五花八门的分析和流派争论不休、内心强烈的欲望和兴奋毫无掩饰，大家聚在一起面红耳赤地争辩每日行情，恨不能赚光最后一分钱。

我们自导自演自己的悲剧，最后却把问题怪到市场上。我们太喜欢在行情面前未卜先知，进而指手画脚，赚钱时情绪亢奋，亏损时又心灰意冷，想马上离开。活像一个小男孩儿初恋时，一会儿活蹦乱跳，喜悦之情溢于言表，一会儿又不知所措，暗自伤神。

假如我们不是最优秀的，或者仅仅是追随市场的话，获取市场的平均收益并不是难上天的事情。但相当多的一部分人认为，我来到市场这里，总应该有些抱负，或者暴富，或者在行情大幅波动时乘机抄底大赚一笔，或者时时跟风摇摆不定。而最后那些什么事情都没有做的人或者什么想法都没有的人却比那些“勤奋”的人赚的多得多。

市场并不在乎你有任何目的或者想法，也不在乎你讲了什么或者做了什么。《通向财务自由之路》的作者范·K.撒普也说过：“我一直持有这样的观点，即你无法对市场进行交易，你只能就你对市场的观点进行交易。”

先把你的欲望、抱负、面子统统都放在一边，平静下心来好好客观地看看行情。我相信大多数人从来都没有像照镜子一般客观完整地看待过行情，他们总是在照哈哈镜。此刻我建议那些思绪万千的人，哪怕就一次，心态平和地看待行情，市场的本质一定会显现在你面前。

所以在交易了好几年后我才明白，很少能有人会比一个交易者更需要注意控制住自己本身。

乌合之众

我相信尝试着让一个人说些自己的故事，或者让他讲些什么看法是非常容易的。

通常在你与一个陌生人相处时，恰好对方又是一位不擅交谈的人，我们总是希望能找到搭讪的话题来打破僵局。

人类是群居性的物种，有交流沟通的需求。所以，在面对无趣又寂静的环境或者与生人相处时，人的本能会让我们想方设法地去与其他人沟通团结来增加力量。从物质方面来讲，一群人和一个人之间的力量相差悬殊，但如果从心理方面来看，可能未必如此。

古斯塔夫·勒庞在《乌合之众：大众心理研究》一书里指出："人类心理群体表现出最惊人的特点如下：构成这个群体的个体不管是谁，他们的生活方式、职业、性格或智力不管相同还是不同，只要他们已经是变成了群体这个事实，便使他们获得了一种集体心理，这使他们的感情、思想和行为变得与他们单独一个人时的感情、思想和行动颇为不同。若不是形成了一个群体，有些念头或感情在个人身上根本不会产生，或不可能变成行动。心理群体是一个由异质成分组成的暂时现象，当他们结合在一起时，就像因为结合成一种新的存在而构成一个生命的细胞一样，会表现出一些特点，他们与单个细胞所具有的特点大不相同。”

我发现让大脑持续地思考一些简单的事情或者完全排空思绪，远远要比坚持做一些复杂又困难的事情难得多。一刻不停地想点东西，或者思考些什么，是我们大脑与生俱来的本能。因此脑子里什么都不想、一片空白，就变得难能可贵，更不要谈还要长时间待在欲望纷飞的金融行业里时刻抵抗环境的干扰。

投资大师巴菲特一生喜欢生活在美国小城奥马哈，因为离喧嚣的华尔街太近只会让自己的肾上腺素增多。另一位成长股投资大师费雪也拥有自己的独立工作室，他一旦走进工作室忙碌，甚至连家人都不让进入打扰。只要是有点头脑的人都能明白，哪怕是意志力再顽强的人，也难以和整个大环境相抗衡。顺从群体行为从而变得人云亦云会使得自己完全丧失深度思考能力，纵然有再多的聪明才智也无法施展。

社会群体能使得组织物质的力量更加强大，但与之而来的代价是情绪联动及少数服从多数，羊群效应时时刻刻会发生，最有智慧和才华的却要被迫听从愚蠢多数的指挥。脱离了群体才能更容易让你的大脑保持独立思考，从而充分地发挥自己本应该有的才智，也能更清醒地保持冷静。

如果你一个人不能看清楚行情在走些什么，你最好不要指望一百个人在一起就能看得更清楚。一切问题的根源都在自身，盲目地寻找群体交流只会让你感染各色各样的情绪和偏见。

市场就是这样一个地方，你只能依靠自己的头脑去做交易，你得学会自己拿主意，自己执行计划，然后自己独享成果。

从零到一

我一位非常好的朋友一直告诉我，做交易先要从负数到零，再从零的突破到正数。这其中最难也最重要的，就是对于零的突破。

明白交易本质的关键就在于零的突破。

目前在我看来，每天的行情是这样的，最终市场会给你吃颗糖，但是在吃这颗糖之前，你会被市场来来回回地扇耳光，扇多少下你是不知道的，什么时候扇你也是不知道的，但这颗糖是甜美无比的，最终你会发现耳光是值得被扇的。

好多次就只差最后一个耳光的时候，我捂着肿胀的脸离开了。或者只是舔了一下糖就胆小地不敢再试了，通常事后发觉，今天给的糖格外大、格外甜，而我只舔了一口。

在多次这样毫无成果的来来回回后，我一直一无所获。每次亏损后我总是认为自己太傻了，应该没有人会比我更傻了。我总是觉得在一次次惊慌的失败后，我应该要做些什么去弥补，或者立刻停止手里愚蠢的工作。

最终我的好奇心和固执又站了出来，我下定决心哪怕亏损的次数再多，亏损的数额再大，我也要100% 完完全全地执行我的交易系统，老老实实地做足一个星期。

慢慢地，我发现我的交易方式居然是有非常规律的回报的。每次看上去亏损的额度较大、感觉很可怕的大亏损之后，市场都会有相应更可观的利润回报给你。

是的，因为每次都怕东怕西，所以每次我的大脑都要出来干涉我。比如这次你已经失败了，你为什么不调整下你的策略呢？你已经连续失败两次了，你为什么还要坚持呢？连续三次错了你还要犯傻？这种干涉促使我违背初衷毫无计划地进场买卖，进而导致我从来没有获得过我自己交易系统所应该获得的回报。

所以如果你时时刻刻脑子里都在害怕被打耳光的事情，做再多的分析或者有再好的策略都是无用的，应该把亏损想象成你做生意的成本。并且你也应当知道，任何交易策略在成立的一开始就已经确定了它所能获得的回报，你所要做的就是按照策略坚持做下去，对自己充满信心的同时而不要想太多。

坚持做下去，也许途中很曲折，过程很煎熬，但请不要放弃，坚持到最后你终究是能得到应得的回报的，太多的人受尽了折磨和痛苦却没有获得相应的回报，是时候鼓起勇气去看一看到达彼岸的美景。

关掉大脑那张叽叽喳喳的嘴，绝对地执行自己的策略，你会发现达到稳定盈利并不是那么遥不可及的事情。

人生就如交易，从一开始就要走在一个正期望的道路上，那些现实生活中的坎坷就像是行情中的回撤，它们会迫使你放弃对正期望的追求，转而扑向看得见的短期利益。有些人一开始就走在了负期望的道路上，还有些人明明已经走对了路子，但就是禁不住诱惑，在可能立即招致暴打和挨饿面前，坚持一个长期可持续的方案变得无足轻重。贯彻一致性不是难，而是非常难，这是生来的本能，眼前摸得着够得到的东西可以马上解决问题，而未来的期望不能，这是自人类生存以来就刻印在基因里的东西，你无法要求一个已经身处困境的人还要考虑长远的利益，做不到是正常的，做得到的人才是不正常的。

2. 理智与情感

它们像是一对孪生兄弟，情感构建了理智，理智又反过来制约情感，它们离不开对方，却又总是相互对抗。任何一边的平衡被打破，灾难就应运而生。

艰难的攀登

如果你有幸能看到成功交易员的账单，特别是那些业绩非常稳定的交易账单，你会感受到单子上每一个开平仓动作都饱含着深厚的功力。

交易是一件非常简单的事情，但并不容易。

杰西·利弗莫尔在他的《股票大作手操盘术》一书中写到，市场的价格总是沿着阻力最小的路径前行，如同河水总是往下流一样自然。但是你想要成为一个成功的交易者，那可不能沿着自己内心阻力最小的路径走，因为市场的行情图所展现的正是人们沿着自己内心最小阻力路径所走出来的样子。一个成功的交易者必须时时刻刻沿着自己内心阻力最大的方向走，才能在市场里持续地获得利润。

而沿着自己内心最大阻力的方向走，就是在逆人性。

逆人性有多难？很难。我把人的情绪举例几个经典的出来，先是在七宗罪里提到七个行为，傲慢、妒忌、暴怒、懒惰、贪婪、饕餮及色欲，再把市场里人们的行为也算进去的话，可以再加上恐慌和担忧。

毫无疑问，这些经过千万年演化而来的情绪是帮助人类在这个世界上生存下去的关键因素。阻碍这些情绪的触发就是在阻碍千万年的演化的结果。除非你亲手从人类基因组里找出相应触发这些情绪的代码并删除，否则它们将永远生效，就如同行情图上的牛熊转换一样持续地轮回着。

例如担忧这种情绪，你不可能不担忧自己已经做过的事情，除非你真的是一点都不在乎。只要你有所投入，你必然不由自主地操心起你的所作所为，我刚才那句话是否有讲错？我今天买入这只股票是否真的对劲？这种情绪一旦失控就会造成种种可怕的后果，或是害怕提心吊胆的日子不敢买入看好的股票，或是涨得太多进而担忧价格太高，在这种失控的情绪强烈影响下，所有事前的计划都被抛到脑后忘得一干二净。人的脑子天生就爱总结反思自己的行为，因为这正是让人类社会持续进步的原因，然而随着行情价格的变动，这种情绪就会朝着非常恶劣的方向发展。没有人能真正地铁石心肠，是人就终究有情感上的弱点。

我们再看看走在马路上体形肥胖的人，在物质发达的现在，社会最基本的饮食已经不成问题，家家户户都能买得起吃得起一顿丰盛的晚餐，然而肥胖却成为一个大问题。进食这种本能一旦失去控制就变成了饕餮，肥胖症患者进食时只是纯粹地享受品味美食所带来的快感，而不是获取营养。他们很难或者说是根本无法控制住自己的那张嘴，因为大脑已经习惯了美食所带来的愉悦享受，他们曾经或者想过要去对抗美食所带来的诱惑，但是大部分人都失败了。电视上、网络上、马路上随处可见减肥产品的广告，然而如果一个人不能依靠自己的意志力控制住自己的嘴，购买再多的减肥产品都是徒劳的。这也是为什么减肥一直是个大问题，大部分肥胖患者都无法维持自己的身材，有的索性自暴自弃任凭 体重无限制地发展下去，哪怕血压愈来愈高，哪怕糖尿病、痛风找上门来，甚至死神已经站在他们的面前，只要还有一口气存在，他们也要坚持再享受一次美食带来的愉悦。可想而知，即使以失去生命的代价来警告那些饕餮盛宴者，大部分人仍然执迷不悟，足可见想要对抗自身的欲望是有多难！我们不可能战胜自己的情绪，因为它就和空气一样无时无刻不存在，你也离不开它，我们所能做的就是每一次都拼尽全力用自己的意志力顽强地抵抗。如果你赢了，可以获得短暂的胜利，但如果你输了，可能持续地沉沦一发而不可收拾。

再比如在生活中常见的嫉妒，它真的是不折不扣的恶魔，我打心底对这种情绪充满了恐惧。凡是哪一次我的内心产生了嫉妒并受它控制，我都会做出我一辈子都无法原谅自己的蠢事。在交易行业这个温床里，想要培养嫉妒这种情绪真的是太容易了。因为只要是人就会炫耀就会爱慕虚荣，总是把自己盈利账单公开展示是大部分人喜欢做的事情，剩下的人看着他们炫耀出来的账单上红通通的数字，心里也开始蠢蠢欲动。你是怎么做到的？能不能教教我？为什么我就不能赢那么多？要是我也能一下子赢到这么多钱多好，抵得上我好几年的工资。这些内心充满羡慕和嫉妒的人根本不管自己有没有能力做到，也不管自己适合不适合就疯狂地也想尝尝这样的甜头。可以说，从来没有人能够在被嫉妒冲昏了头脑后还能全身而退，至于喜欢炫耀的那帮家伙，他们快则第二个交易日就全部输回去，慢点的一个或两个星期就全部赔回去。嫉妒从某种程度上来说是人类工作或者努力的动力，但是显然在交易行业里这种情绪只会让你盲目地送死，被嫉妒冲昏头脑的人智商降低到零，而交易行业恰恰是需要时刻保持冷静和理智的。不管是嫉妒别人的利润还是嫉妒行情的波动，后果都是可怕的。

我想更多的情绪不管在生活中还是交易中都处处可见，只要仔细观察你一定会发现这样或者那样失控的情绪。而正是这些情绪推动着市场的行情走势，一旦某一种情绪平衡被打破，进而它会自我增强和巩固，趋势也就这么浩浩荡荡地展开了。

一个成熟稳重的交易者，应当时时刻刻保持头脑清醒。我知道想要做到冷酷无情是不可能的事情，但是任何人一旦发现自己正在被某种情绪所控制着，他就应当竭尽全力摆脱这种控制，让理智和冷静重新回归主宰大脑，并且越快越好。

越是脆弱的人越是容易被情绪引诱，他们的大脑只能被动地追寻自己的欲望，而无法与之对抗。那些知道自己正在被情绪所控制的人已经是很明智的了，然而想要战胜当前正充斥大脑的情绪还是难上加难。唯有极少部分人，从一而终地避免让任何情绪失去平衡，并且能在平衡崩溃时迅速地采取措施，把大脑的指挥权夺回来。

所以最终我们会看到，那些稳定盈利的曲线图，就好像登山一样艰难。你无法避免跌入谷底，你必须坚持自己的信念，时时刻刻驱赶侵扰你头脑的恶魔，然后走出谷底登上高峰，再如此反复。

狂欢盛宴

在趋势交易里，我们都知道，第一笔开仓的位置最好是建立在趋势行情刚刚发动的初期，如此你就能稳稳地乘上火箭，看着手里的利润一天天地增长。

情绪也一样如此，而且它也解释了为什么趋势会这样展开。情绪的波动来自于物质世界的变动，一旦情绪出现了失控，而某人并没有及时制止，那么这种情绪就会越发强烈，同时大脑充分地运用自身的想象力将事情的严重性扩大至好几百倍于初期。

当一个人的情绪处于极端失控状态，且已经被大脑加强的时候，任何人都很难在短时间内将它恢复理智。一个人失控的时间越长，这种情绪就越发激烈且难以驱散。甚至当事实已经改变，且呈现在他面前的时候，他仍然沉浸在之前的情绪中不能自拔。

如果你试着将两个怒气满满的壮汉从彼此间的对抗中分离开来，要么你也被连同一起揍一顿，要么两人完全忽略你而只专注对方。我从来没有见过哪个正在气头上的人能够一劝就停止的，即使围观人硬是把两人完全分离，他们也会继续挥舞着拳脚，幻想自己的有力出击将对方打得老老实实。如果你在一开始，从两个人刚刚有些矛盾的时候就将两人分开，那么情形就大大不同了，可能其中一方为了避免不必要的身体对抗而早早妥协。如果你放任他们的怒气越发强烈，那么之后再要制止所付出的代价也会越大。

再试着想象一下，当你对一个人充满好感再到爱意浓浓的过程是怎样的？有一种恋爱叫单相思，被爱的一方并没有任何的付出，然而另一方却越发地喜爱对方。在初期你可能只是对某人有好感，然而随着时间的流逝，如果你不对这股情绪加以控制，你的大脑就会开始帮你把这种好感慢慢地添油加醋，从喜欢到爱上到痴迷到疯狂，最后对方还没开过口，你却已经和她过完了一辈子。如果你想要避免自己在恋爱中处于完全无条件付出的地位，你最好从一开始就把好感保持在适当的发展速度里，等到它发展成洪水泛滥一般不可收拾的时候，多半等待你的只有痛苦和失望。

一旦内心的平衡被打破，情绪就会迅速自我巩固，一天天地强大起来，就好像行情图上的趋势一样，一旦趋势形成了，它就会持续地自我巩固，一旦强大到一定程度就没有人能够阻挡它的步伐。

如果你打算控制自己的情绪，请你在一开始，在感到自己有些情绪失控的一开始，我指的是这一秒或者这一毫秒，就马上把这情绪压抑下去，或者通过转移思考事物来避免，不要等到情绪发展得已经无法挽回的时候再去行动，那时候你已经根本无法冷静地思考了。和大脑争夺控制权就和救火一样必须争分夺秒。

就好像狂欢的盛宴过后，你总是还能找到几个仍然不肯结束的人。

坚持自己的信念，保持适当的距离

依我所见，整天担忧行情高开是故意诱多还是真的突破实在是庸人自扰之。我在网上或者平时和其他股民交谈，稍微有些资历的老玩家都会对行情发表一番见解，例如今天高开很可能是诱空，大家要小心，或者不要被现在下跌甩出去了，行情马上要启动。可能事后被他说对了，但你要是认真问他，你能保证行情真的会如你所讲的那样吗？他又开始支支吾吾。

究其现象而不探究本质则永远不得要领。行情真的是很简单的两种模式，震荡和趋势。更复杂点的无非就是类似震荡的趋势，或者大幅创新高新低的震荡。其他就没有了，这就是行情运动的全部。上证指数从 2015 年 6 月 15 日 5178.19 点开始下跌，这之后就全部都是熊市，哪怕是再后知后觉的人，在第二轮暴跌开始前也应该可以意识到下降趋势已经形成了。

在熊市里，无论今天是高开诱空还是低开走高，最终它都要回归下跌趋势。无论你是今天猜对了诱多或者事后察觉了是陷阱，行情还是仍然按着下跌趋势进行。不仅仅是股市，在国外股市，或者期货市场，或者外汇市场，都是这样的情况。

你自己想想吧，一个是整天担惊受怕行情各种有可能的变化，天天揣测短期各种可能的陷阱；另一个则淡定地持仓不动，只要是站在了大方向正确的一边。哪一个更有心理优势？哪一个更轻松？哪一个胜率更高？意识到自己并不能把每一天行情开展的原因解释清楚是脱离业余玩家的第一步。

像热锅上的蚂蚁一样焦急地团团转和整天拿着放大镜敏

感地像侦探一样分析行情是大多数散户真实的写照。要小聪明和抖机灵并不能让你战胜市场，这样的人多得是，持续地站在正确的一边靠的是大智慧和意志力。不能坚持自己信念的人，最终会迷失在行情里，忘记了自己的周期和信念，就不得始终。

同时你必须时刻和市场保持恰当的距离，这个恰当的距离的分寸很难掌握，既不能太近也不能太远。凑得太近确实能实时掌握市场的每一个动向，但同时你的内心也会受到行情波动的影响，很少有人能够每天24小时盯着行情看还能够完全不受行情波动影响的。而离得太远又会导致对市场的动向掌握得不够，以至于错失良机。

保持一个适当的距离定时去观察市场，依据自己的操作周期去确定这个时间的长短。市场在酝酿行情的时候非常需要大量时间去展开，而此时正是我们应该耐心等待的时候，只在我们需要看行情的时候，才去看它。

不要试图抢在市场前面发言，市场不待见你，它正忙着。没有必要把你的账户当宝贝一样天天来回地折腾一番。在恰当的时机进行操作抵得上你一整年的来回辛苦。

我们所要做的事情很简单，保持适当的距离定时观察行情，在反复确定无误后进场持有或者离场继续观察。

独立思考的重要性

我相信国内的股民都听到过这种提问方式：XX老师您好！你帮我看看我这6XXXX能进吗？或者XX大师您好，我某某股票XX块进的，现在要不要出来？再极端点儿的：老师我被套得不行，你看我明天要不要走，5个点了。

甚至连公众媒体都喜欢经常请一些实力背景强大的“砖家”来解析一下大盘走势。

对于一个刚进入交易市场的新人来说，技术方面的实力不足还不算是最要命的，最可怕的是毫无分辨事实的能力，任凭别人的思想和观点随意在自己的脑袋里跑马。

我想没有哪个人会心甘情愿地把自己身体的健康去交给别人打理，但是许多人却会仅仅因为某某分析师的一句话或者某某媒体的一则报道，就迅速把自己辛苦赚来的钱投入市场。然而荒唐的是，他们并没有因为一次次的亏损而觉悟，反而变本加厉试图寻找更准确的消息或者水平更高的分析师。我从未有在交易行业之外任何一个地方见过数量如此庞大、盲目程度如此之高的人群。哪怕一次次让自己手里的财富缩水，他们也不愿老老实实地自己从头学起依靠自己的头脑入市买卖，总是觉得别人的观点比自己的有力多了。

我从来没有想过要把自己手里的钱去交给别人打理，我不认为有哪个人的心肠好到愿意成天帮助别人赚钱，而自己甘愿只是嘴上说说。如果你不能自己从最基础的学起，你不仅不会有任何进步，同样你也无法判断谁说的话是真正有用的。

我只会依据我自己的分析和判断入场交易，如果我对了，那么赚取丰厚的利润是我自己的劳动成果，如果我错了，那么我也能清楚地知道自己的问题究竟出在哪里，反复更正错误进步后，实力也一天天增长。但如果我听从他人的分析而不自己独立思考，那么即使赚到再多的钱我也不会有任何长进，更何况大部分人最后还要把那些赚到的钱再还回去。

不要去羡慕别人，也不用去复制别人，那只会让你成为一个赝品，做自己才是最好的。无论别人通过何种方式或何种手段赚到了多少钱那都是有先天的条件决定的，甚至还有大量运气在里面。我们不是仅仅只在市场里做一次一锤子买卖，我们总是会有下一次再踏入市场的时候，从这个角度来看，市场里没有运气，只讲究实力，不能独立思考进步的人永远不能把手里的钱守住。

也不要总是抱怨和气愤别人，导致你亏损的原因归根结底只有一个，就是你的实力不足。抱怨行情的不公或者他人的影响不会使你成长一分一毫，有时间对着屏幕吼骂不如当下就踏实地开始学习和反思，假以时日账单上的丰厚利润会让你觉得一切都是值得的。

天赋还是努力？运气还是方法？

英国著名的自由主义政治哲学家约翰·格雷（John Gray）说过：“从优胜劣汰的角度看，真理比谬误其实没有多少优势。”有时候能在激烈竞争的环境下存活下来的人未必是最聪明或者看得最准确或者最强壮的，但他们一定是最懂得如何生存和保存实力的。

在社会上工作了多年后我见识了各种各样的成功人士，现在我开始重新思考这样一件事，天赋大于努力，运气大于努力，方法大于努力，选择大于努力，时机大于努力。

我问过很多人，他们都告诉我，努力很重要，想要成功就要靠努力。事实上，我一开始也是深信不疑。至于他们自己到底是否是真的因为努力而成功的，可能他们自己也不太清楚。

例如这位先生通过买卖现货大宗商品赚取了几百万，那他一定是很勤奋，又很聪明，且人脉宽广。另一位朋友拥有一项成熟稀缺的技术，那他一定是对于某方面的事物有长时间的钻研又有相当的领悟能力。还有些人既不是那么的聪明，也没有多勤奋，只是在尝试某一新鲜事物时，恰好同时有很多人也需要。

我认真收集这些成功人士身上努力的证据，结果我并未在他们身上都找到这个痕迹，相反，我看到他们身上更多的是享受、幸福、沉浸、开心和兴趣等等这些特质。

许多人都知道如果你在一条错误的道路上行走，越努力会越失败。在资本市场上，成功的投资者都给后人留下了一个刻苦努力的背影，然而在他们的成功过程中，努力或许仅占一小部分，它并不是关键条件。

我尝试把交易中重要的因素总结成一条公式：

25%方法+25%时机+25%天赋+15%运气+10%努力。

25%的方法就是交易系统，我发觉这很关键，因为交易行业和其他行业不同，无论你错过多少次，获利的机会总是还会再出现，这可能是资本市场最大魅力所在，也是对从事交易行业人士的最大恩惠。

没有掌握正确方法的人总是和机会失之交臂，或者捡了芝麻丢了西瓜，而拥有正确方法的人，只要坚持地执行总是能够把握住机会。正是因为交易市场里的机会时时刻刻存在，因而捕捉机会的方法非常重要，这套方法必须恰当地符合自己的性格又不会使你错过机会。

任何人想要在市场中捕捉住大行情，都必须亲手构建一套属于自己的交易系统。

25%的时机不仅仅指在正确的时间入场和出场，它应该有更广泛的意思。

假如你喝酒的话应该不会再去开车，但通常我们会在大脑处于被情绪掌控的时候进行交易。如果你不能拥有一个强壮的身体和清醒的头脑，你一样无法持续做好交易。

只在你脑子最清醒的时候才做交易，我不认为一个饱受负债压力或者人际关系压力的人，还能做出明智的判断。不懂得放松和休息的人就和24小时都高负荷工作的人一样低效率。

只在最恰当的时机做最恰当的事情，无论是生活中还是在交易市场。

25%的天赋，这同样也很重要。我在从事交易行业前，对天赋的重要性缺乏足够的认识。

我一直都试着平等地看待每一个人，但经过这么多年后，我越来越发现天赋在一个人的交易生涯中的重要性。从本质上来讲，导致我们行为不同的原因在于脑子的构造不同，这不是找借口。很多时候，别人是那么毫不费力、轻而易举地超越了你。

我不得不诟病一下那些认为你没做好这件事情都是因

为不够努力的人。如果一个人在某一行业有较高的天赋和领悟能力，他的成功概率是普通人的数倍，随着从事时间的推移，天赋高和天赋低的人之间的成绩会天差地别。

交易是一项极度考验自我控制的游戏。其中任何一个环节出了错，整个过程都会失败。如果你天生就不太懂得掌控自己情绪，即使再好的交易系统交到你手里也是白搭。

独立的思考判断、保持平和的心态、坚定自己的信念，这些情绪掌控及行情研判能力需要时刻贯穿整个交易环节。而关于如何牢牢地掌控自己的情绪这方面的能力几乎无法培养，天赋的发挥浸润在交易的每一个环节里。

交易是一个极富魅力又隐性门槛极高的行业，总有些人就是为交易而生的，同样也有些人生来就只能是来做“贡献”的。

15%运气，对此我想说的是，尽量别让运气的好坏影响到你的心情。

很要命的一点是，尽管运气只会影响某一时某一事的发展态势，但如果你是内心承受能力非常脆弱的人，则可能产生连锁式灾难反应，还可能导致毁灭性的风险。

管控住自己的情绪，别让这些你无法避免又不能控制的事情影响到了你的心情和判断。谋事在人，成事在天，明白在这世界上大部分的事情都是不由我们所掌控的是件非常明智的事情，犯不着成天担忧不可预见的事情，只管做好自己的最大努力就好。

可以庆幸的是，在交易行业里运气对于一个人的影响并不如实体行业大。如果某人确确实实有一套经过市场验证又成熟稳重的交易体系，并且天赋足够，那么在市场里持续地赚到大钱几乎是必然的事情。因为在充分博弈市场里，大部分人还没能来得及让运气发挥作用，他们就已经被市场淘汰了。

最后说说10%努力。这部分不外乎是坚持每天看新闻，坚持每天看书、盯盘，努力学习新鲜事物。我想说的重点是，在当今社会，无论是实业还是金融业，努力只能让你不至于落后别人。在同样都拥有一天24小时的情况下，努力并不能把人与人之间的差距拉开太大。甚至很多时候一个人一生的成败就仅仅是运气好坏罢了。

想要反驳的人应该想想，为什么像巴菲特这样的投资大师只在美国出现？如果他是出生在疾病泛滥、贫穷落后的非洲，还会有今天的成就吗？

当然，无论怎样，如果一个人找对了合适自己的路，他总是会努力去做的，因为那实在太享受了。

3. 自我认知

“知彼知己，百战不殆；不知彼而知己，一胜一负；不知彼，不知己，每战必殆。”——孙武《孙子·谋攻》

自我认知

我们先来看看这三个人。乔治·索罗斯，毕业于伦敦经济学院，哲学学士学位，手法多为等待关键点位出现，一旦看对会用非常大的头寸放空市场。詹姆斯·西蒙斯，毕业于麻省理工学院数学系，加州大学伯克利分校数学博士学位，公司团队包括数学家、物理学家、统计学家，通过构造复杂的程序模型进行交易，拥有自创的壁虎式投资法。约翰·保尔森毕业于哈佛大学商学院，MBA学位，手法多为套利、对冲及依靠自身判断做空市场。

以上三位大佬在交易圈子内都很成功，但他们的背景和擅长手段也各不相同，论计算能力数学天赋，索罗斯给西蒙斯做学生都不够，但索罗斯一样能通过哲学指导在市场中赢得可观利润。虽然西蒙斯现在收益非常高，但是在西蒙斯没有找到适合自己的操作手法前，他一直是处于连续破产的状态。保尔森论数学能力论哲学思维都不如前两者，但也能通过自己独特的眼光和判断击败市场。

正如林广袤所讲的，市场里是没有完美的交易方法的，但是是有“一招鲜”的，这个“一招鲜”就是一个适合你自己天赋性格的独特风格和手法。无论你是理科还是文科都可以通过完善自身的风格创造一套方法，在市场中持续获得利润。虽然到最后各方面都要稍微兼顾，但每个人的侧重点肯定是不一样的。

同样一个策略和手法，用的人越多，这个策略在市场中的表现效果就越差；反之，用的人越少则效果越好。而每个人的性格天赋又都是独一无二的，因此找到最真实的自己就等于找到了用的人最少的交易系统。

但是大部分人都知道，自我认知其实是一件非常难的事情，因为我们的基因和大脑是非常矛盾的关系，也就是价值观和天赋的矛盾。

我们都看到过这样一种新闻，一位年轻人自幼被人领走抚养，与亲生父母从未谋面，被养父母抚养多年的年轻人早已把他们当作亲生父母对待，突然有天通过DNA 测试找到了亲生父母，这位年轻人各种纠结悲喜交加。

从基因上来讲他应该是属于亲生父母的后代，但是从情感、生活习惯、脑海记忆里他属于养父母的后代。

大自然是我们所有人类的亲生父母，我们体内的DNA赋予我们不同的肤色，不同的智商，不同的身高，不同的性别，我们先天的一切因素都取决于体内的基因。就好比我们亲手创造了一个机器人，机器人的一切能力和设备先进程度都是由我们预先设定好的。但是很不巧，机器人有了自我意识后，并不打算按我们给予它的能力去合理运用，也就是我们的意识所想做的事情和体内基因所预先设定要做的事情并不是一样的，这个后天产生的意识就是我们的养父母。

我们的意识虽然建立在基因之上，但又不属于基因控制。个体所有的优势与天赋都存在这个基因所构造的我里，意识的深度思考能力和抽象思维能力让我们远超其他动物，但也让我们难以辨别自身的本来面目。

我们往往愿意把自己幻想成自己意识里所期望的那个我，而不是基因所构造的我。情感上我们否认部分基因所构造的我，或丑陋，或愚笨，或矮小，或胆小，我们的意识时常阻碍我们认清自己。而恰好基因密码又是那么的复杂深奥，不通过长时间的观察和思考根本无法发现隐藏在自身的潜能。更不要谈在我们意识到这个矛盾之前，已经被大脑这个养父母养了20多年，我们的回忆、习惯、情感，大都符合意识所构造的那个我。

除极个别幸运儿在早期就遇到了适合自己天赋的事物，又恰巧环境符合，伯乐指点，大部分人无不是磕磕碰碰，才勉强摸清一点门道。

不仅仅是在交易中，我认为一个人从一出生开始，无论做任何事情都应该要符合自身的天赋特点，就如同巴菲特所说的，如果你知道了能力圈的边界所在，你将比那些能力圈虽然比你大五倍却不知道边界所在的人更富有得多。

寻找自己的能力圈所在是第一要务，我认为要找到自己的能力圈，就要先认清三个“我”。

三个“我”的归一

世界上的终极三大哲学问题其中之一就是，我是谁？

我认为这个“我”有三个。

第一个“我”是大自然里的我，即基因所构造的我，对于大自然来讲，我们差不多就是猩猩的亲戚。

第二个“我”是意识所构造的我，这个我是虚无的我，只存在于自己的脑海里（来自内部的干扰）。

第三个“我”是别人眼里的我，即镜子所反射出的我（来自外部的干扰）。

第二个意识的“我”和第三个别人眼中的“我”都会妨碍我们认清大自然里的“我”，即基因所构造的这个我，我们目前尚无法完全改变自己的基因，因此我们能做的只有改变意识的那个“我”和别人眼中的“我”，从而最终达到三个“我”的归一，也就是庄子所提出的天人合一的状态。

在中国古老的哲学中，老子曾探究过关于摆脱环境及欲望对内心干扰的思路。老子曰：“五色令人目盲，五音令人耳聋，五味令人口爽，驰骋畋猎令人心发狂。”而想要避免出现这样的状况则最好 “见素抱朴，少私寡欲”，没有了欲望的干扰事物的本质才更容易察觉，以及他所提出过“致虚极、守静笃”的古训，虚和静都是形容人的心境是空明宁静状态，但由于外界的干扰、诱惑，人的私欲开始活动。因此心灵闭塞不安，所以必须注意“致虚”和“守静”，以期恢复心灵的清明。

基因所构造的这个“我”是不属于你的意识的，是属于宇宙属于大自然的。而我们的意识感受受到世俗物质的限制和影响，所以中国古代哲学中有“无我”一说，意识的这个“我”是虚无的存在，它经常受到外界物质的影响而背离自然界那个客观的“我”，因此想要找到自己的能力圈所在，认清基因所构造的“我”，就要先把世俗物质所带来的一切感受都淡化，让意识回归到服务基因构造的这个“我”上面来。

不追求奢侈，不追求虚荣，不求名不求利，不大喜不大悲，永远保持一颗平常心，自我修行自我开悟，不被情绪掌控，而做情绪的主人。

而第三个“我”则是最世俗的我，是彻彻底底世俗物质的化身。如果我不和其他人接触，不与外界互动，这个“我”就不会产生。而如果我和外界互动了，在外界留下了痕迹，外界就会对我有所回应，这个别人眼里的“我”就会反身性地影响到意识的那个“我”。

但是这个别人眼里的“我”是不受我自己控制的，别人如果内心有积怨，即使你表现得再好，他也会对你有所偏见；别人如果内心充满仁慈，即使你作恶多端，他也会看到你好的一面。我们不能阻止心爱的人铁了心地转身离去，也不能轻易改变别人对我们的种种偏见，对于倒向你的墙和他人的嘲笑我们只能选择逃避或者忍受。我们所能做的就是尽可能忽略这个别人眼中的“我”，从而减少对自身反身性的影响。

巴菲特每年都会拍卖和自己共进午餐的机会，一位叫盖伊·施皮尔的基金经理曾写了本书叫《与巴菲特共进午餐时，我顿悟到的 5 个真理》，书中所指出的5 个真理为：

①坚持自己的原则；

②远离疯狂人群与噪音；

③永葆童真与好奇心；

④培养并维系有价值的人际关系；

⑤忠实于自己。

施皮尔认为他从巴菲特那里获得最为宝贵的建议就是遵从“内在评分卡”去生活。巴菲特曾在《滚雪球》中说：“我有个内在评分卡：如果我做了某些其他人不喜欢，但我感觉良好的事，我会很高兴，而不管别人怎么指手画脚。如果其他人称赞我所做过的事，但我自己却不满意，我同样不会高兴。”巴菲特还曾以提问的方式启发施皮尔，“你愿意变得在这个世界上最受别人认可，但自己觉得自己最糟糕；还是宁愿内心认可自己，即使别人并不看重你？”

无论是生活还是投资，我们都应当遵循自己的天赋和价值观。在交易里你必须面对最真实的自己，相对于个体，市场是完整的、全知的，任何的缺陷都会在市场中暴露显现，你或许可以通过伪装蒙骗周围的人甚至自己的内心，但最终会在市场这面“镜子”面前赤裸展现。

我们只需要静静地做一名旁观者，客观地看待行情，如同镜子反射我们自己一般客观。很多人都说过那句话，我知道很多道理，读了很多书，却仍然过不好这一生。这无非就是太在意别人的眼光，不肯面对最真实的自己。如果不能摆脱别人的看法，别人的意见，我们就不能独立自主地做出判断，也无法认知自己究竟是怎样的人。我们不需要别人来帮我们分析行情，也不需要别人告诉我们有什么内幕消息，我们只需要遵循自己的准则就能在市场中站住脚。

当你认清了哪些是来自内部的干扰，哪些是来自外部的干扰，剩下的就只有赤裸裸的那个基因所构造的“我”，你也能真正看清楚自己究竟天赋在哪里，优势在哪里，然后运用自己的意识和个人影响力为你的天赋服务。

这样状态下的人生境界就是孔子所说的：七十而从心所欲不逾矩。此即外圆内方，和而不同是也。

附录 2

构建交易系统的一些疑问

1 为什么要构建交易系统?

我相信大部分人初入市场时，都是靠感觉随意下单的，在我自己第一次下单时紧张和害怕占据了我的整个脑海，浸满汗水的手在颤抖，但我并不明白自己为什么要这么做。即使我通过感觉下单赢了钱，但我并不享受这样的过程，被自己的情绪所随意掌控是非常危险的。

当然我也相信有少量天赋异禀的能人天生有强大的数字节奏感，不需要任何学习仅凭天生的感觉就能在市场中赢到大量利润。但是即使这样的人，也很难保持持续稳定的盈利。来自外界与内心的敌人非常多，我们的脑袋不比电脑，复杂纷繁的情绪与欲望时刻掺杂在感觉中。而来自身体方面的影响例如睡眠不足、精神压力过大、生病、吃坏食物、温度过高过低、年龄上升导致的体质下降、反应变慢、精神不能集中等等也无时无刻不在影响我们感觉上的发挥。

就好像利弗莫尔在他书中所说的:

我认为，控制不住自己的情绪是投机者真正的死敌。恐惧和贪婪总是存在的，它们就藏在我们的心里，它们在市场外面等着跳进市场来表现，等着机会大赚一把。无论是在什么时候，从根本上说由于贪婪和恐惧、无知和希望，人们总是按照相同的方法重复自己的行为——这就是为什么那些数字构成的图形和趋势，总是一成不变地重复出现的原因。

德州扑克、战略竞技游戏、体育竞技，很多类似于博弈方面的游戏你都能找到一套规律出来，并且这方面的规律屡试不爽，因为人性从来没有变过，故而我们能够通过一套成熟交易系统持续地稳定盈利。一方面交易系统能帮助我们规避情绪的干扰，依靠交易系统的指令能很好地防御内心的敌人和外界的敌人；另一方面即使你不在状态，身体状况非常糟糕，头脑不清醒，你也可以稳稳地依靠自己的交易系统持续地盈利。

2　如何开展基础训练？

我是建议先别看书，首要的是看行情，凭着自己的感觉和经验，多少总能总结出点规律的。尽量不要盯着个股行情看，个股成交量相对指数少，学到的东西不全面。要研究行情走势，一定要看大盘。个股的噪音太多了，几乎接近随机。建议开个期货的模拟交易账户，练习做日内 T+0 短线交易。做日内，积累经验和盘感比较快。最好做股指或者比较活跃的品种。先做，自己凭感觉做。做得有点思路了，好像似懂非懂，感觉有些东西老是重复出现。然后再去看书，学技术分析，最后把技术分析和自己的判断、理念整合在一起，再结合自己的性格脾气完善整个系统。如果技术分析已经看了不少，那就忘掉。看裸分时线，其他都不要看。成交量、技术指标、均线和K线都不要，也不要画线，就看裸分时线。

因为会有先入为主的思想存在，一旦深刻地接受了某个理念，就会很难再去接受其他的理念。而如果要想做好交易，必须保持开放性的思维，在构建自己的交易系统时也需要创造力，在交易中也需要独立的判断能力，刻意地去附和技术分析的一些框框架架会极大地限制自己的思考能力。

交易的本质就在裸行情中，几千年前是，几百年前是，现在也是。任何智商、思维健全的人都可以自己从中总结提炼一套规律出来。

3 看裸分时线，可以用回看历史分时来训练吗?

不能，因为回看历史行情有两个很大的问题，一个是过度拟合，一个滑点。特别是做日内，波动大的时候滑掉3到4个点很正常，你开仓滑掉4个点，平仓再滑掉4个点，回测的利润就有8点是虚假的。再是过度拟合，当你在不清楚自己交易系统盈亏周期的时候，你不知道什么时候是应该亏的，什么行情是应该抓住的，你就会乱改。翻昨天行情看看都是趋势，你把系统改了，变得很贴合行情，然后你再对照前天的震荡行情，你发现会亏得一塌糊涂，你再修改得比较适中，结果上实盘行情风格又变成震荡接趋势再接震荡，又亏得一塌糊涂。其实最主要的还是你要清楚，你想要抓住的行情是哪一段，完了你的系统就抓这段行情，碰上其他的试几次就砍了。如果你真的清楚你要赢哪段行情，那么回测就是根本不需要的。

而且要想清楚哪些错误是因为系统不完整，哪些错误是因为心态问题。亏损并不代表你的系统就有问题，有时候是心态问题，不要混淆。系统方面的亏损，该亏的时候就要亏。心态出错造成的亏损，则应该极力避免和纠正，或者把系统做相应的调整。

手工操盘上手的第一大难题就是，我虽然有模有样地制定了一套交易系统，但是我却从来没有认真认真、完完全全地执行过，以至于我根本就不清楚我的交易系统到底能不能赚钱？然后就变成了恶性循环。我因为从来没看到过我交易系统的完整周期，以至于我不能信任它；我不能信任它，以至于我不能完全100%执行。到最后系统也没构建好，心态也变差了。

建议有时候就要傻一点，无脑地把自己定制的交易系统做完，然后才能看清楚你交易系统的完整面貌，才能完善它，然后你才会更有信心，形成良性循环。

4 初期操作需要考虑仓位之类的东西吗？还是说只专注于行情判断即可？

不需要，一手一手做。目的不是要赢钱，是要锻炼果断地执行和完善系统。

其实构建交易系统本身不难的，你拼拼凑凑就出来了。但是要和自己的性格脾气糅合在一起那就复杂了，你可能每做一点小改动，情绪上就会有不适应。所以最好初期的时候不要同时看太多东西，不要一下子全都加进去。初期尽量保持简单，人的耐心和精神集中度是有限的，持续操作复杂的策略只会陷入混乱。保持清晰的思路并果断执行是盘中第一要务。

5 期货交易中仓位的大小该怎么计算呢？是按保证金还是市值？

按市值。波动导致的盈利和亏损是以一手头寸的市值来计算的。做资金管理要把总的头寸价值算进去，但也不能完全参考价值。手里所有头寸的价值，在自己总资金的4倍到5倍还是可以接受的，2倍到3倍就偏低了，5倍以上就等于你保证金放了杠杆你还重仓，这就风险很大很大，一个小波动保证金就要被吞掉，基本没有回旋的余地，等于一次性搏命。

一般商品都已经是有4倍到5倍杠杆，但是你亏损盈利的资金多少是按头寸的价值去计算的。你一手保证金可能就4千块左右，但实际价值有几万元，4万元波动10%就4千块，两个板你就爆仓了。但实际保证金在只剩20%的时候期货公司就会打电话让你追加保证金了，所以你最多也就8%左右的波动承受能力。

当然，在行情合适的时候，加杠杆是个好东西，能让你盈利迅速扩大。进攻时加仓位用杠杆，防守时减仓位废杠杆。能迅速积累大量利润，本身也是一种防守，因为你输得起了。

什么时候加仓，什么时候减仓，这是一门艺术，是大局观。要想做得稳，做出良好的成绩来，资金管理必不可少。

6　为什么连续亏损还要继续执行交易系统?

持续地坚持按照自己的交易系统进行交易，才能够有效地无限接近于理论概率。想要达到系统真正的概率优势，有且只有不断地执行这套系统。

在赌博当中有个理念叫赌徒谬论，即很多人认为，我连续地把一枚硬币抛出正面时，下一次抛出反面的概率会增大。向上抛出一枚硬币，它出现正面反面的概率都是50%，这个概率不会随着你连续抛出正面或者反面的次数增多而改变，即使你连续地抛出了100次正面，你第101次抛时，抛出正面的概率仍然是50%。

显然，理论上的概率在实际操作中并不能完全及时地实现。概率这个事情在实际操作中只可能无限接近于理论上的概率而不可能完美地正好达到这个概率。

想要接近于理论上的概率，就需要有大量的操作次数，执行的次数越多，整体的概率就会越偏向于理论上的概率。一枚硬币连续抛两次，可能都是正面，但这并不代表抛出正面的概率就是100%，在连续抛了一万次以后，概率开始接近于50%，正面反面出现的次数都稍稍地多了起来。执行的次数越多，概率的效果就越强；次数越少，概率的效果就越弱。

连续赢几次或者连续输几次并不代表你的系统胜率改变了，仅仅是你的运气在变罢了，你需要执行更多次。

这也是为什么在短时间内是看不出一个人的交易水平的，预测分析行情也是不那么可靠的，理论上的概率和实际上会发生的概率是完全不同的。

因此交易系统必须长时间地有效执行，才能真正发挥它在概率上的优势，即所谓的正期望值。

附录 3

一些交易类图书

以下是在本作中所涉及的书籍，顺序按书中出现的先后排列。

1. 约翰·墨菲——《期货市场技术分析》

2. 欧内斯特·内格尔、詹姆士·R.纽曼——《哥德尔证明》

3. 杰克·D.施瓦格——《金融怪杰》

4. 柯蒂斯·费思——《海龟交易法则》

5. 阿尔伯特·爱因斯坦——《狭义与广义相对论浅说》

6. 罗伯特·雷亚——《道氏理论》

7. 库尔特·弗雷德里希·哥德尔——《（数学原理）及其相关系统中的形式不可判定命题》

8. 王浩——《逻辑之旅：从哥德尔到哲学》

9. 乔治·索罗斯——《金融炼金术》

10. 埃德温·勒菲弗——《股票大作手回忆录》

11. 侯世达——《哥德尔、艾舍尔、巴赫——集异璧之大成》

12. 阿瑟·L.辛普森——《华尔街幽灵》

13. 纳特 · 西尔弗——《信号与噪声》
14. 小罗伯特 · R.普莱切特——《艾略特名著集》
15. 周敦颐——《太极图说》
16. 本杰明 · 格雷厄姆——《聪明的投资者》
17. 纳西姆 · 尼古拉斯 · 塔勒布——《非对称风险》
18. 纳西姆 · 尼古拉斯 · 塔勒布——《黑天鹅》
19. 西格蒙德 · 弗洛伊德——《自我与本我》
20. 赛博格——《白矮星：交易员的心理与交易体系》

致　谢

感谢两位朋友为本书纸质版出版所做的帮助。感谢《交易的真相》一书的作者，感谢企业管理出版社财经分社的编辑，没有你们的努力，恐怕这本书只能以电子版本的形式出版。

在写作这本书期间，许多业内的朋友提出了宝贵的意见，感谢你们的过目，不然此书的错误和漏洞恐怕是数不过来。同时，我也想感谢把我领进门的老师，没有他的带领我的成长不会这么迅速，也希望之后还能有机会一起建立属于自己的私募。

最后仍然感谢身边支持帮助我的亲朋好友，特别是知乎上和我素未相识的粉丝，是你们的激励让我鼓起勇气和动力来完成此书，并且书中的一些理念也是在你们的评论和互动下逐步完善的，本书的完成绝对离不开你们。

延伸阅读

比《华尔街幽灵》更真实，比《海龟交易法则》更有效

➡《交易的真相》

作者：极地之鹰

*毫不吝啬地和盘托出在交易之路上的经验和教训，层层递进地指出交易历程中存在的误区，一层层地剥掉投资领域里随处可见的“皇帝的新衣”，让“交易的真相”水落石出

*9年交易经验的交易员作者在书中完整公开了自己价值千金的交易系统，并经过历时半年的实验证明其有效性

*言简意赅，不啰嗦、不堆砌，通篇干货，思人所不能思，写人所不敢写

国内第一本小说体期权交易实战指南

➡《我当交易员的日子：期权波动率交易核心策略与技巧》

作者：徐华康、王美超

*国内罕见的“小说体”期权交易实战指南

*浓缩两位操盘无数的期权“老鬼”的期权波动率交易经验，说透期权波动率交易的核心策略与技巧

*经验丰富的一线期权交易员在期权波动率交易上的历史交易记录，真实再现职业交易员在交易中的所思、所想、所感、所悟

延伸阅读

➡《乌合之众：大众心理研究》

“《乌合之众》是一本可怕的书，他将社会大众的心理阴暗面毫不掩饰地暴露在阳光之下，别有用心的人甚至可以利用群体的种种心理弱点作为其权力与财富的抓手。”

——“金融大鳄”索罗斯

➡《大癫狂：非同寻常的大众幻想与群众性癫狂》

“数学不能控制金融市场，而心理因素才是控制市场的关键。更确切地说，只有掌握住群众的本能才能控制市场，即必须了解群众将在何时以何种方式聚在某一种股票货币或商品周围，投资者才有成功的可能。”

——“金融大鳄”索罗斯

“只要如此愚蠢的行为能够继续存在下去，那么一个真正理性的投资者始终有望利用大众的疯狂为自己谋利。具有常识的个体很容易觉察到集体的疯狂，个体将会借此获取巨额的利润。”

——查尔斯·麦基